송재덕 교수의
생활 속 법률 이야기

송재덕 교수의 생활 속 법률 이야기

—

2020년 6월 20일 1판 1쇄 인쇄
2020년 6월 25일 1판 1쇄 발행

—

지은이 송재덕
펴낸이 이상훈
펴낸곳 책밥
주소 03986 서울시 마포구 동교로 23길 116 3층
전화 번호 02) 582-6707
팩스 번호 02) 335-6702
홈페이지 www.bookisbab.co.kr
등록 2007.1.31. 제313-2007-126호.

—

진행 권경자
디자인 디자인허브

ISBN 979-11-90641-06-7 (03360)
정가 14,000원

책밥은 (주)오렌지페이퍼의 출판 브랜드입니다.

이 도서의 국립중앙도서관 출판예정도서목록(CIP)은 서지정보유통지원시스템 홈페이지(http://seoji.nl.go.kr)와 국가자료공동목록시스템(http://www.nl.go.kr/kolisnet)에서 이용하실 수 있습니다. (CIP제어번호: CIP2020020341)

송 재 덕 교 수 의

생활 속
법 률
이야기

손해 보지 않기 위해 꼭 알아야 할
생 활 법 률 상 식

송재덕 지음

책밥

책 머리에

대학에서의 강의와 법무법인에서 실무를 겸하는 생활을 한 지 벌써 28년이 되었습니다. 그동안 필자는 이론 강의와 실무를 통해 상담한 내용을 정리하여 《법 이것만은 알고 삽시다》,《잘못 알고 있는 법률상식 50가지》,《생활 속 법률 이야기》 등을 출간하였습니다.

이번에도 그동안의 실무를 통해 경험한 사례들을 한데 모아 책으로 엮어 독자에게 겸손하게 내놓는 바이며, 이 책은 법학 이론서나 수험서가 아니라 일상생활에서 흔하게 발생할 수 있는 사례나 판례를 정리한 것이므로 독자들에게 실질적인 도움이 되리라 생각합니다.

법률용어 중 판례는 원문 그대로 게재하고 나머지 법률용어들은 가능한 쉽게 풀어 쓰고자 노력했지만 그래도 독자들에게는 다소 딱딱할 수 있지 않을까 염려스럽습니다.

이 책을 읽는 독자가 법을 이해하고 일상생활에서 발생할 수 있는 여러 법률문제를 예방하거나, 해결하는 데 다소나마 보탬이 된다면 필자로서 큰 보람이 아닐 수 없겠습니다.

끝으로 이 책의 출판을 위해 노력해주신 도서출판 책밥의 이상훈 대표님과 편집부 직원 여러분께 감사의 마음을 전하며 독자 여러분의 건승을 기원합니다.

2020년 여름에
오룡마을에서

차례

제 1 장 **민사 사례**

제 2 장 형사 사례

제 3 장　가사 사례

01　가사 일반

02　결혼과 이혼

03　친권·입양

제 4 장 공직선거법

제 5 장 기타

민사 사례

01
민사소송 일반

[1] 남편은 아내가 자기 모르게 돈을 빌렸어도 갚아야 하나요?

문 저는 최근에 법원으로부터 甲이 접수한 소장을 받았는데, 내용은 제가 甲으로부터 돈 1,000만 원을 빌려 쓰고 갚지 않는다는 내용입니다. 알고 보니 제 아내가 甲에게 남편 사업자금이 부족하다며 제 명의로 돈을 빌리고 차용증도 교부해주었는데, 아내는 빌린 돈을 모두 도박자금으로 탕진했습니다. 저는 법원으로부터 소장을 송달받기 전까지는 아내가 甲으로부터 돈을 빌렸는지, 어떤 용도로 사용했는지 전혀 몰랐는데, 이런 경우에도 제 아내가 빌린 돈을 제가 甲에게 갚아야 하는지요?

답 민법상 부부간에는 일상가사에 관하여 서로 대리권이 있으므로

(민법 제827조 제1항), 부부 일방이 일상가사에 관하여 채무를 부담한 경우에는 다른 일방도 이로 인한 채무에 대하여 연대책임이 있는데, 일상가사의 판례를 살펴보면, "부부 공동생활에서 필요로 하는 통상의 사무에 관한 법률행위를 말하는 것으로, 그 구체적인 범위는 부부 공동체의 사회적 지위·직업·재산·수입능력 등 현실적 생활상태뿐만 아니라 그 부부의 생활장소인 지역사회의 관습 등에 의하여 정하여지나, 구체적인 법률행위가 일상가사에 관한 법률행위인지를 판단함에 있어서는 그 법률행위를 한 부부공동체의 내부 사정이나 그 행위의 개별적인 목적만을 중시할 것이 아니라, 그 법률행위의 객관적인 종류나 성질 등도 충분히 고려하여 판단하여야 한다"고 하였습니다(대법원 2009. 2. 12. 선고 2007다77712 판결). 그러므로 귀하의 아내가 귀하의 사업자금 명목으로 빌린 돈 1,000만 원을 도박자금으로 사용한 것은 일반적으로 혼인공동체의 통상사무에 포함되는 일상가사로 인한 채무로 볼 수 없으므로 귀하는 갚지 않아도 될 것입니다.

[2] 甲에게 돈을 빌려주면서 甲의 요구로 乙의 통장으로 입금한 경우 乙에게 변제를 요구할 수 있나요?

📋 저는 乙의 친구인 甲에게 돈 500만 원을 빌려주었습니다. 차용증 없이 乙의 통장으로 송금을 했는데, 당시 甲은 저에게 乙의 통장을 빌려 사용하고 있으니 乙의 통장으로 송금해달라고 해 乙의 통장

으로 송금한 것입니다. 그런데 얼마 뒤 甲에게 돈을 갚으라고 하니까 甲은 돈을 받은 적이 없다며 거절하고 乙에게 갚으라고 하니 乙은 甲에게 빌려준 돈이 있다며 거부하고 있습니다. 그래서 통장주인인 乙을 피고로 하여 현재 법원에 민사 소액재판을 진행하자 법원은 甲에게 돈을 빌려주었다면 甲을 피고로 해야지 乙을 피고로 하여 소송을 제기한 것은 잘못된 것이 아니냐고 합니다. 이런 경우 피고 乙을 상대로 한 소송은 패소하게 되나요? 그러면 저는 甲을 피고로 해 다시 소송을 제기해야 되나요?

답 귀하는 乙의 통장으로 돈을 송금하였으나 甲이 乙의 통장을 이용한다는 사실을 알고 있었습니다. 또한 甲에게 돈을 빌려주기 위해 돈을 송금한 것이고 甲이 실제로 돈을 빌린 사람이므로 현재 乙을 상대로 한 대여금청구소송은 乙과 甲이 함께 빌린 돈에 대하여 책임이 있다는 점을 증명하지 못하면 승소판결을 받기 어렵습니다. 여기서 귀하는 乙에 대한 소송을 취하하거나 패소판결을 받아 甲을 상대로 별도로 소송을 제기할 필요는 없고, 현재 乙을 상대로 진행 중인 사건이 끝나기 전까지 甲을 피고로 추가하는 소송이 있습니다. 이는 2명 이상의 피고를 상대로 서로 양립할 수 없는 청구를 하는 경우, 귀하가 乙이 아니면 甲을 상대로 하여 어느 한 피고에 대한 청구가 인용되게 되면, 다른 피고에 대한 청구는 기각되는 소송제도이니 이미 진행하고 있는 소송에 甲을 피고로 추가하는 소송제도를 활용해보시기 바랍니다.

〔3〕 돈을 차용하면서 공증을 했는데 공증내용을 이행하지 않으면 사기죄가 성립하나요?

📋 저는 사업자금이 필요해 친구로부터 1억 원을 차용하면서 약속된 날짜에 반드시 갚겠다는 공증을 해주었으나, 사업이 부진해 약속된 날짜에 돈을 갚지 못하게 되었습니다. 그러자 친구는 저를 사기죄로 고소하겠다며 으름장을 놓고 있는데, 이 경우 저는 사기죄로 처벌받는지요?

📋 사기죄는 타인을 기망하여 착오에 빠지게 하고 그 처분행위를 유발하여 재물 재산상의 이익을 얻음으로써 성립하는 범죄이며, 여기서 처분행위라고 하는 것은 범인 등에게 재물을 교부하거나 또는 재산상의 이익을 부여하는 재산적 처분행위를 의미하고 피기망자는 재물 또는 재산상의 이익에 대한 처분행위를 할 권한이 있는 자를 말합니다. 귀하가 사업도 하지 않고 변제할 의사도 없이 친구의 금품을 편취할 목적으로 돈을 차용하였다면 사기죄에 해당할 수 있습니다만, 귀하의 사업이 부진해 친구에게 약속된 날짜에 돈을 갚지 못하는 경우는 단순한 민사상의 채무불이행에 불과할 뿐입니다. 따라서 형사상 사기죄가 성립한다고 할 수 없습니다. 그리고 공증이란 일상생활에서 발생하는 거래 및 권리관계에 대한 증거를 보전하고 권리자가 자신의 권리를 실행하는 것을 쉽게 하기 위해 특정한 사실이나 법률관계 등의 존재여부를 공적으로 증명하는 제도일 뿐입니다.

〔4〕 파산선고를 받게 되면 불이익이 있나요?

문 저는 40대 여성인데 남편의 사업실패로 생활비가 없어 제가 신용카드를 발급받아 생활하면서 빚이 늘어나 이제는 빚을 감당할 수 없어 파산신청을 하고자 합니다. 그런데 주변 사람들의 말에 의하면 파산할 경우 가족관계증명서에 빨간 줄이 그어져 평생 파산자로 낙인찍히게 되고 은행거래도 할 수 없을 뿐만 아니라 주소도 함부로 옮길 수 없다고 하는데, 파산을 하면 어떤 불이익이 있고 가족관계증명서에 파산자로 기재가 되나요?

답 파산선고를 받을 경우 민법상 후견인, 친족회원, 유언집행자, 신탁법상 수탁자가 될 수 없고, 상법상 합명회사, 합자회사 사원의 퇴사원인이 되고, 주식회사, 유한회사의 이사의 경우 위임관계가 종료되어 당연 퇴임하게 됩니다. 그리고 공무원, 변호사, 공증인, 공인회계사, 공인노무사, 세무사, 변리사, 국공립·사립학교 교수, 전임강사 및 교사, 증권거래소 임원, 상장법인의 상근감사 등이 될 수 없거나, 그 직을 계속 수행할 수 없습니다. 하지만 위와 같은 신분상의 제한은 복권이 되면 없어지며, 면책결정이 확정되면 당연히 복권됩니다. 파산선고를 받아 면책결정이 확정된 경우 법원은 전국은행연합회장에게 통보하고, 전국은행연합회는 채무자의 기존 연체등록정보(신용불량정보)를 공공정보로 변경 등록하여 등록사유 발생일로부터 5년간 공공정보를 관리하게 됩니다. 그러나 일반적인 통장개설이나 체크카

드의 발급은 가능합니다. 신용카드 발급이나 대출 등 신용거래는 각 금융기관이 개별적으로 정할 내용이므로 일반적으로 다시 신용이 발생하기 전까지는 어렵다고 볼 수 있습니다.

결론은 파산선고를 받더라도 면책결정이 확정될 경우 가족관계등록부나 신원증명사항에 어떠한 기재도 하지 않으며, 만일 면책결정을 받지 못하더라도 가족관계등록관서가 관리하고 있는 신원증명사항에 기재될 뿐, 가족관계등록부에 직접 파산자로 기재되지는 않습니다. 금융기관 이용과 관련하여 특수기록정보 등록자로 신용거래는 불가능하겠지만 일반적인 통장개설 등의 금융기관 이용은 가능합니다.

[5] 자녀의 성(性)이 어머니 성(姓)으로 바뀐 자녀도 어머니가 소속된 종중원의 자격이 있나요?

문 甲은 태어날 때 아버지의 성인 김 씨였는데 나중에 법원의 허가를 받아 자신의 성을 김 씨에서 어머니 성인 이 씨로 변경하였다면 甲은 어머니가 소속된 이 씨의 종중원 자격이 있나요?

답 종중은 본질적으로 부계혈족을 전제로 하는 종족단체이고 공동선조와 성과 본을 같이 하는 후손에게 종원 자격을 부여하고 있습니다. 그런데 민법 개정으로 재혼한 가정에 있어서 자녀의 성을 어머니의 성과 본으로 변경한 사례가 많아지고 있습니다. 이와 관련한 최근 판례가 있어 소개합니다. 원고 甲은 태어날 때 아버지의 성인 김 씨였는데 나중에 법원의 허가를 받아 자신의 성을 김 씨에서 어머니 성인 이 씨로 변경한 후 어머니가 소속된 피고 종중에 종원 자격을 부여해달라고 요청하자, 피고 종중은 '종중은 본질적으로 부계혈족을 전제로 하는 종족단체이고 공동선조와 성과 본을 같이 하는 후손이더라도 모계혈족인 원고는 종원 자격이 없다'며 甲의 요구를 거부하였습니다. 그러자 甲은 법원에 종원지위확인의 소를 제기하였는데, 이에 대하여 법원은 원고가 피고 종중의 회원인 어머니의 친생자로서 민법상 적법한 절차를 거쳐 성과 본을 변경하여 피고 종중의 공동선조와 성과 본을 같이 하는 후손인 성년인 바, 피고 종중의 정관에 따라 피고 종중의 종원이라고 판단하고 원고 승소의 판결을 하였습니다. 그러자 피고는 "종중이 본질적으로 부계혈족을 전제로 하는 종족단체라는 점에 대하여 아직까지 확고한 관습이 존재한다"면서 항소를 제기하였는데 이에 대하여 서울고등법원(2017. 8. 25. 선고 2017나2015421)은 "원고가 종중의 공동선조와 성과 본을 같이 하는 성년 혈족이고, 종중에 관한 대법원 판례와 성·본 변경 제도의 취지를 볼 때 원고가 여성 종원의 후손이더라도 공동선조의 분묘수호와 제사 및 종원 상호간의 친목 등을 목적으로 구성되는 종중의 구성원이 될 수 있다고 보는 것이 조리(條理)에 합당하며, 설사 여성 종원의 후손은 여성 종원이 속한 종중의 구성원이 될 수 없다는 종래의 관습이나 관습법이 있었더라도 이는 변화된 우리 전체 법질서에 부합하지 않아 정당성과 합리성을 상실했다"며 종중의 항소를 기각하였습니다. 따라서 종원의 지위는 공동선조와 성과 본을 같이 하는 후손이라면 여성의 후손이든, 남성의 후손이든 성별의 구별 없이 성년이 되면 종원의 지위가 있다고 봐야 합니다.

[6] 종중의 임원이 종토반환 청구소송에 기여한 대가로 종중재산을 분배받기로 약정한 경우 이는 효력이 있나요?

🔲 甲종중은 乙 등에게 명의신탁되어 있던 토지의 반환을 위하여 소송제기 등에 필요한 모든 권한을 종중 회장인 丙에게 위임하였고, 이에 丙이 甲종중을 대표하여 종토반환 소송을 제기하여 승소 판결이 확정되었습니다. 그 후 甲종중은 丙이 '종토 환원을 위하여 사비를 출연하고 소송 실무를 대행하여 종토 전부를 종중으로 환원하여 감사의 의미로 환수 종토의 일부를 증여하기로 한다'는 결의를 하였다면 위 결의는 효력이 있나요?

🔲 종중은 공동선조의 분묘수호와 제사 및 종중원 상호간의 친목 등을 목적으로 하여 구성되는 자연발생적인 종족집단으로, 종중재산은 이러한 종중의 목적을 달성하는 데 본질적으로 중요한 요소입니다. 종중의 임원은 종중재산의 관리·처분에 관한 사무를 처리함에 있

어 종중규약 또는 종중총회의 결의에 따라야 함은 물론 선량한 관리자로서의 주의를 다해야 할 의무가 있습니다. 그런데 종중이 丙에게 종토 일부를 증여하기로 했다면 위 증여결의는 내용이 현저하게 불공정하거나 선량한 풍속 기타 사회질서에 반하여 사회적 타당성을 결여한 경우 무효가 됩니다. 위 사례와 비슷한 사례에서 법원은 '종중 회장 등이 종중재산의 회복에 기여한 부분이 있다 하더라도 이는 선관주의 의무를 부담하는 종중의 임원으로서 당연히 해야 할 업무를 수행한 것에 지나지 않으므로 이들에게 실비를 변상하거나 합리적인 범위 내에서 보수를 지급하는 외에 회복한 종중재산의 상당 부분을 종중 임원 등에게 분배하는 증여결의는 내용이 현저하게 불공정하거나 사회적 타당성을 결여하여 무효'라는 것이 대법원의 판례 입장이니 참고하시기 바랍니다.

02
부동산

[1] 부동산중개업자가 중개행위는 하지 않고 계약서만 작성해준 경우에도 중개업자로서의 책임이 있나요?

📋 저는 부동산중개업자인데 甲은 저에게 乙의 주택을 임차하면서 乙과 직접 주택전세계약서를 체결하고 은행대출을 받으려고 하는데, 은행에서는 중개업자의 정식계약서를 요구하자 乙의 승낙까지 받았으니 형식적인 계약서만 작성해달라고 요청하여 저는 甲의 말을 믿고 계약서를 작성해주면서 중개인 란에 서명·날인하고 중개대상물확인 설명서도 작성해주었습니다. 그런데 나중에 알고 보니 甲은 돈을 마련하기 위해 乙의 인장을 위조하여 이처럼 작성된 전세계약서를 은행에 담보목적으로 교부하고 돈을 차용한 후 연락이 두절되었는데, 이런 경우 제가 전세계약서를 작성해준 사실로 인하여 은행

에 손해배상을 해줄 책임이 있나요?

답 「공인중개사의 업무 및 부동산 거래신고에 관한 법률」은 "중개업자 및 소속공인중개사는 전문직업인으로서의 품위를 유지하고 신의와 성실로써 공정하게 중개관련 업무를 수행하여야 하고, 중개대상물에 관하여 중개가 완성된 때에는 대통령령이 정하는 바에 따라 거래계약서 및 중개대상물 확인·설명서를 작성하여 거래당사자에게 교부하고 대통령령이 정하는 기간 동안 그 사본을 보존하여야 하며, 중개업자가 거래계약서 등에 서명 및 날인하여야 하고, 거래계약서를 작성하는 때에는 거래금액 등 거래내용을 거짓으로 기재하거나 서로 다른 둘 이상의 거래계약서를 작성하여서는 아니된다"고 규정하고 있습니다. 그러므로 부동산중개업자가 중개를 하지 않았음에도 거래계약서 등을 작성·교부하는 것이 허용되는지 문제인데, 공인중개사의 업무 및 부동산 거래신고에 관한 법률은 중개업자의 자격요건·기본윤리 등이 엄격하게 규정되어 있고, 중개업자로 하여금 중개가 완성된 때에만 거래계약서 등을 작성·교부하도록 규정하고 있으므로 함부로 거래계약서 등을 작성·교부할 수 없습니다.

따라서 부동산중개업자가 자신의 중개로 전세계약이 체결되지 않았음에도 실제 계약당사자가 아닌 자에게 전세계약서와 중개대상물 확인 설명서 등을 작성·교부해주고 은행으로서는 전세계약서에 대하여 중개업자를 통해 그 내용과 같은 전세계약이 체결되었음을 증명하는 것으로 인식하고 이를 전제로 금전을 대여하였고 은행이 손해를 입었다면, 중개업자로서는 중개업자의 주의의무 위반에 따른 손해배상 책임을 면하기 어렵습니다.

[2] 부동산을 이중으로 매매하면 배임죄가 성립하나요?

🔒 저는 김포시에 있는 토지를 甲에게 3억 원에 매도하기로 하는 매매계약을 2013년 3월 3일 체결하고 계약금 3,000만 원과 중도금 명목으로 1억 2,000만 원 등 총 1억 5,000만 원을 받았습니다. 그런데 얼마 후 乙이라는 사람이 찾아와 甲보다도 1억 원이 많은 4억 원에 매수하겠다고 하여 저는 乙에게 4억 원에 매도하기로 하는 매매계약을 체결하고 계약금 4,000만 원을 받았습니다. 그러자 甲이 저를 형사고소한다고 하여 乙과 매매계약을 해제하고 계약금까지 돌려주었는데, 그래도 제가 배임죄로 처벌받나요?

🔓 부동산을 매매하고 난 후 부동산 가격이 상승하게 되어 당초 계약을 해약하고 싶은데, 이런 경우 계약금만 받았다면 계약금의 배액을 지급하고 계약을 해제할 수 있습니다. 그런데 중도금까지 받은 경우에는 배임죄가 성립한다는 것이 대법원의 판례이고 민사상 계약불이행으로 인한 손해배상 책임을 지게 됩니다.

즉, 매도인이 계약금과 중도금의 전부와 잔금의 일부를 수령하고 있었다면 매도인은 일방적으로 그 매매계약을 해제할 권리가 없고 잔금 수령과 동시에 매수인에게 소유권이전등기를 이행할 의무가 발생합니다. 그러나 부동산의 이중매매에 있어서 귀하와 같이 甲으로부터 계약금 및 중도금 일부를 수령한 후 乙로부터 계약금을 지급받았지만, 더이상 乙과 계약 이행이 이루어지지 않은 경우라면 부동산 이중양도에 있어서 형법상 배임죄에 있어서의 실행의 착수가 없는 상태이므로 귀하는 형사처벌 대상이 되지 않습니다.

[3] 부동산공인중개사도 중개의뢰인과 직접 부동산 거래를 할 수 있나요?

문 저는 김포시 장기동에서 부동산공인중개사무소를 운영하고 있는데 중개의뢰인과 직접 거래 계약을 체결하면 무효인가요?

답 「공인중개사법」 제33조 제6호는 "중개업자가 중개의뢰인과 직접 거래를 하거나 거래당사자 쌍방을 대리하는 행위를 금지"하고 있습니다. 그리고 개업공인중개사가 제33조에 위반된 행위를 한 경우 중개사무소의 개설등록을 취소하도록 되어 있고, 제48조에서는 이 경우 3년 이하의 징역 또는 3,000만 원 이하의 벌금에 처하도록 규정하고 있습니다. 그런데 이러한 금지 규정에도 불구하고 대법원은 "개업공인중개사 등이 중개의뢰인과 직접 거래를 하는 행위를 금지하는 공인중개사법 제33조 제6호의 취지는 개업공인중개사 등이 거래상 알게 된 정보 등을 자신의 이익을 꾀하는데 이용하여 중개의뢰인의 이익을 해하는 경우가 있게 될 것이므로 이를 방지하여 중개의뢰인을 보호하고자 함에 있는 바, 위 규정에 위반하여 한 거래행위 자체가 그 사법상의 효력까지도 부인하지 않으면 안 될 정도로 현저히 반사회성, 반도덕성을 지닌 것이라고 할 수 없을 뿐만 아니라 그 행위의 사법상의 효력을 부인하여야만 비로소 입법목적을 달성할 수 있다고 볼 수 없고, 위 규정을 효력규정으로 보아 이에 위반한 거래행위를 일률적으로 무효라고 할 경우 중개의뢰인이 직접 거래임을 알면서도 자신의 이익을 위해 한 거래 등도 단지 직접 거래라는 이유로 그 효력이 부인되어 거래의 안전을 해칠 우려가 있으므로, 위 규정은 강행규정이 아니라 단속규정이라고 보아야 한다(대법원 2017. 2. 3. 선고 2016다259677 판결)"라고 판시하였습니다. 즉, 「공인중개사법」 제33조 제6호의 규정 취지 및 법적 성질은 강행규정(법규가 규정하는 내용 그 자체의 실현을 금지하는 규정으로서 계약은 무효이고 위반시에는 처벌)이 아니라 단속규정(국가가 어떤 행위를 단속할 목적으로 금지하거나 제한하는 내용을 담은 규정으로 계약은 유효하고, 단속상의 처벌만 있음)이며 중개업자와 중개의뢰인의 직접 거래의 효력을 부인하지 않고 있습니다.

〔4〕 부동산매매계약이 해제된 경우에도 중개수수료는 지급해야 하나요?

문 저는 부동산중개업자를 통해 부동산매매계약을 체결하고 매도인에게 매매대금 전액을 지급하였는데, 매도인이 부동산을 너무 싸게 팔았다고 주장하면서 계약해제를 요구하여 저는 매도인으로부터 위약금 및 손해배상금까지 돌려받기로 하고 계약을 해제하였습니다. 그런데 중개업자는 매도인으로부터 손해배상금을 포함한 돈을 돌려받아 보관하고 있으면서 저에게 소개료를 주어야만 보관금을 돌려주겠다고 하고 있습니다. 부동산매매가 성사되지 않았는데도 중개수수료를 지급해야 하나요?

답 「공인중개사의 업무 및 부동산 거래신고에 관한 법률」에 의하면 "중개업자가 중개의뢰를 받은 경우에는 당해 중개대상물의 상태, 입지, 권리관계, 법령의 규정에 의한 거래 또는 이용제한사항 기타 대통령령이 정하는 사항을 확인하여 이를 당해 중개대상물에 관한 권리를 취득하고자 하는 중개의뢰인에게 토지대장등본, 등기사항증명서 등 근거자료를 제시하고 성실, 정확하게 설명하여야 하며, 중개업자는 확인 또는 설명을 위하여 필요한 경우에는 중개대상물의 매도의뢰인, 임대의뢰인 등에게 당해 중개대상물의 상태에 관한 자료를 요구할 수 있다"는 규정이 있는데 이러한 확인·설명의무규정은 부동산중개인이 중개수수료를 받지 않는 경우에도 적용됩니다.

귀하의 경우와 같이 중개인의 소개로 일단 성립된 부동산매매계약이 계약당사자 간에 합의하여 해제한 경우 부동산중개수수료를 지급해야 하는지의 문제인데, 「공인중개사의 업무 및 부동산 거래신고에 관한 법률」은 "중개업자는 중개업무에 관하여 중개의뢰인으로부터 소정의 수수료를 받는다. 다만, 중개업자의 고의 또는 과실로 인하여 중개의뢰인 간의 거래행위가 무효, 취소 또는 해제된 경우에는 그러하지 아니한다"라고 규정하고 있습니다. 따라서 귀하의 경우는 귀하와 매도인 간의 당초 매매계약은 유효하게 성립되었는데, 귀하가 매도인으로부터 배상금까지 받게 되었으므로 중개업자의 고의 또는 과실로 인하여 계약이 해제된 것이 아니기 때문에 귀하는 중개업자에게 소정의 수수료를 지급하여야 합니다.

[5] 부동산공인중개사사무소 개설등록을 하지 않은 소개업자도 중개수수료를 받을 수 있나요?

☐ 저는 부동산공인중개사 자격 없이 중개사사무소 개설등록도 하지 않고 부동산중개를 직업으로 하는 친구 甲에게 제 소유 토지의 매매를 의뢰하였고, 그 결과 甲의 중개로 乙과 부동산매매계약을 체결하였습니다. 저는 甲에게 매매계약이 체결되면 중개수수료로 1,500만 원을 지급하기로 약정했으나 위 약정은 무효라고 하는데, 저는 공인중개사가 아닌 甲에게 약정된 중개수수료를 지급해야 하나요?

■ 규제법령위반과 관련해서는 강행규정과 단속규정이 있습니다. 강행규정은 당사자의 의사로 적용을 배제할 수 없고 그 사법상의 효력에 미치는 영향도 배제할 수 없는 규정이며, 단속규정은 이에 대비되는 개념으로 규정의 방식이 금지를 명하는 것으로서, 당사자의 의사로 적용을 배제할 수는 없으나, 그 위반행위의 사법상 효력이 부정되지는 않는 규정을 가리키는 것입니다. 그런데 「공인중개사의 업무 및 부동산거래신고에 관한 법률」을 살펴보면 "중개업을 영위하려는 자는 국토해양부령이 정하는 바에 따라 중개사무소를 두려는 지역을 관할하는 시장·군수 또는 구청장에게 중개사무소의 개설등록을 하여야 한다. 공인중개사 또는 법인이 아닌 자는 중개사무소의 개설등록을 신청할 수 없다"고 규정하고 있고 중개사무소의 개설등록을 하지 아니하고 중개업을 한 자에 대한 처벌을 규정하고 있습니다. 그리고 공인중개사자격 없는 자가 중개사무소 개설등록을 하지 아니한 채 부동산중개업을 하면서 체결한 중개수수료지급약정의 효력에 관하여 판례는 "입법목적, 투기적·탈법적 거래를 조장하여 부동산거래질서의 공정성을 해할 우려, 부동산의 거래가격이 상대적으로 높아 전문성 갖춘 공인중개사가 부동산거래사고를 사전에 예방하고, 사고 발생의 경우에도 보증보험 등에 의한 손해전보를 보장할 수 있는 등 국민의 재산적 이해관계 및 국민생활의 편의에 미치는 영향이 매우 큰 점 등을 종합적으로 고려하면, 공인중개사자격이 없어 중개사무소 개설등록을 하지 아니한 채 부동산중개업을 한 자에게 형사적 제재를 가

하는 것만으로는 부족하고 그가 체결한 중개수수료 지급약정에 의한 경제적 이익이 귀속되는 것을 방지하여야 할 필요가 있고, 따라서 중개사무소개설등록에 관한 구 부동산중개업법 관련규정들은 공인중개사자격이 없는 자가 중개사무소개설등록을 하지 아니한 채 부동산중개업을 하면서 체결한 중개수수료지급약정의 효력을 제한하는 이른바 강행법규에 해당한다"고 하였습니다(대법원 2008다75119 판결). 따라서 귀하의 경우 공인중개사자격이 없는 甲이 중개사무소개설등록을 하지 아니한 채 부동산중개업을 하면서 귀하와 중개수수료지급약정을 체결하였다면 그 약정은 강행법규 위반으로 무효입니다.

[6] 남편이 정신병원 입원 중 아내가 남편 모르게 부동산을 매도할 경우 해당 매매계약은 효력이 있나요?

문 아내 甲은 남편 乙이 오랫동안 정신병원에 입원하자 남편의 병원비 및 자녀들의 교육비를 감당하기 어려워 남편 명의의 주택을 매매한 후 병원비 및 생활비 등으로 지출하고 나머지는 전세보증금으로 사용해 이사했는데, 乙이 정신병원에서 퇴원한 후 위 주택매매계약은 무효라고 주장하고 있는 바, 이 경우 甲이 체결한 주택매매계약은 무효인가요?

답 대리권이 없는 자가 타인의 대리인으로서 한 계약은 본인이 이를 추인(追認)하지 않으면 효력이 없지만, 부부 사이에는 일상가사행위(부부공동생활을 영위하는 데 필요한 통상의 사무)에 대하여 서로 대리권이 있고, 부부 일방이 일상가사에 관하여 채무를 부담한 경우에는 다른 일방도 이로 인한 채무에 대하여 연대책임이 있습니다. 그리고 일상가사행위의 구체적인 범위는 부부공동체의 사회적 지위·재산·수입능력 등에 따라 현실적 생활상태에 의하여 정해지는데, 교육비, 의료비, 자녀양육비 등의 지출은 일상가사의 범위에 속하는 것으로 보고, 금전차용은 일상적인 생활비로서 타당성이 있는 돈에 한하며, 통상적인 금전의 융자나 주택의 임대차, 직업상의 사무 등은 일상가사의 범위를 벗어나는 것입니다. 그러므로 원칙적으로 부부 일방 당사자의 부동산처분행위는 특별한 사정이 없는 한 일상가사에 속한다고 할 수 없지만, 대리인이 그 권한 외의 법률행위를 한 경우에는 제3자가 그 권한이 있다고 믿을 만한 정당한 이유가 있는 때에는 본인은 그 행위에 대하여 책임이 있기 때문에 甲의 부동산처분행위도 유효하다고 볼 여지가 있습니다. 판례는 남편이 정신병으로 장기간 병원에 입원하였고 입원 당시 입원비, 생활비, 자녀교육비 등을 준비해 두지 아니한 경우 그 아내에게 가사대리권이 있었고, 남편 소유의 부동산을 적정가격으로 매도하여 그로써 그 비용에 충당하고 나머지로 대신 들어가 살집을 매수하였다면 매수인이 이러한 사유를 알았건 몰랐건 객관적으로 보아 그 처에게 남편의 대리권이 있다고 믿을 만한 정당한 사유가 된다고 보고 있습니다. 따라서 위 사안에서도 甲의 주택매매계약은 유효한 것으로 볼 수 있을 것입니다.

[7] 농지 수용 시 영농보상금은 토지소유자와 임차인 중 누구에게 수령권한이 있나요?

🈯 저는 김포에 살며 서울 거주 甲 소유의 논 1,500평(약4,960㎡)을 5년간 임차하여 채소를 재배하였습니다. 그런데 甲 소유의 논이 도로로 수용되면서 토지수용보상금 7,000만 원과 위 토지에서 제가 재배하던 채소를 기준으로 산정한 영농보상금 1,500만 원이 지급되었는데, 甲이 위 토지보상금과 영농보상금을 모두 수령하였습니다. 그러나 甲은 나이가 80세에 가깝고 서울에 거주하며 스스로 농사 지을 형편이 못 되어 위 논을 비롯한 대부분의 논을 제3자에게 임대하였습니다. 제가 경작한 논의 영농보상금은 제가 수령할 권리가 없나요?

🈳 「공익사업을 위한 토지 등의 취득 및 보상에 관한 법률」은 "농작물에 대한 손실은 그 종류와 성장의 정도 등을 종합적으로 참작하여 보상하여야 한다. 농업의 손실에 대하여는 농지의 단위면적당 소득 등을 참작하여 실제 경작자에게 보상하여야 한다. 다만, 농지소유자가 당해 지역에 거주하는 농민인 경우에는 농지소유자와 실제 경작자가 협의하는 바에 따라 보상할 수 있다"라고 규정하고 있습니다. 그리고 "손실보상은 토지소유자 또는 관계인에게 개인별로 행하여야 한

다"고 규정하고 있고, 여기서 "'관계인'이라 함은 사업시행자가 취득 또는 사용할 토지에 관하여 지상권·지역권·전세권·저당권·사용대차 또는 임대차에 의한 권리, 기타 토지에 관한 소유권 외의 권리를 가진 자 또는 그 토지에 있는 물건에 관하여 소유권 그 밖의 권리를 가진 자를 말한다"라고 규정하고 있으므로 귀하는 위 법상 관계인에 해당되어 토지소유자와 별개로 손실보상을 받을 수 있습니다. 따라서 귀하의 경우는 甲이 그 농경지가 소재하는 지역에 거주하지 않고 있고 농민도 아니므로 당해 토지를 자경할 의사나 능력이 있다고 인정하기 어려우므로 귀하가 영농보상금을 수령할 권리가 있다고 생각되므로 농경지 소유자인 甲과 협의가 이루어지지 않는다면 이미 보상금을 수령한 甲을 상대로 부당이득금반환청구소송을 제기하여 권리를 주장할 수 있습니다.

[8] 선조의 위토로 사용하기 위해 종중명의로 농지를 구입할 수 있나요?

문 저희 종중은 종중의 위토(位土)가 없어 종원들이 매년 번갈아가며 종중 시제를 지냈는데 종중의 분묘를 관리하고 시제를 지낼 위토로 사용하기 위한 밭이나 논을 종중명의로 구입할 수 있나요?

답 원칙적으로 「농지법」은 농지(밭이나 논)에 대하여 자기의 농업

경영에 이용하거나 이용할 자가 아니면 소유하지 못하도록 규정하고 있습니다. 그렇다고 하여 종중이 위토로 사용하려는 경우를 예외사항으로 규정하고 있지도 않습니다. 그러므로 농지취득은 종중이 원칙적으로 할 수 없지만, 예외적으로 기존 위토인 농지에 한하여 위토대장 소관청발급의 증명서를 첨부하거나, 농작물경작 등으로 이용되지 않음이 관할관청이 발급하는 서면에 의하여 증명되는 경우에 한하여 종중명의로 취득할 수 있습니다. 따라서 귀하의 경우와 같이 종중이 위토로 이용하기 위하여 밭이나 논으로 경작 중인 농지를 새로이 구입하는 것은 어렵다고 보아야 합니다.

[9] 매입한 토지의 일부가 도로로 편입된다면 매매계약을 취소할 수 있나요?

📖 저는 전원주택을 짓고자 甲 소유의 토지 1,000평(약 3,305㎡)을 매수하는 계약을 체결하였었는데, 계약당시 甲과 중개업자 乙은 제가 전원주택을 신축할 목적으로 위 토지를 매수한다는 사실을 알고 있었고, 그중 50여 평(약 165㎡)만 도로에 편입될 것이므로 건물 신축에는 문제가 없다고 말했는데 실제로는 400여 평(약 1,322㎡)이 도로로 편입되게 되어 제가 원하는 건물을 신축할 수 없게 되었습니다. 저는 위 계약을 착오를 이유로 취소할 수 있나요?

📋 우리 민법은 법률행위 내용의 중요부분에 착오가 있는 때에는 취소할 수 있도록 규정하고 있습니다. 귀하의 경우 건물신축을 위하여 매수하려던 토지의 40%가 도로에 편입된다면 그로 인한 손실보상금은 받을 수 있겠지만 귀하가 당초 목적한 건물의 신축이 불가능할 경우 그것은 위 토지매수의 동기에 착오가 있었다 할 수 있습니다. 이를 법률행위의 동기에 의한 착오라고 합니다. 판례는 "동기의 착오가 법률행위의 내용의 중요부분의 착오에 해당함을 이유로 표의자가 법률행위를 취소하려면 그 동기를 당해 의사표시의 내용으로 삼을 것을 상대방에게 표시하고 의사표시의 해석상 법률행위의 내용으로 되어 있다고 인정되면 충분하고, 그 법률행위의 내용의 착오는 보통 일반인이 표의자의 입장에 섰더라면 그와 같은 의사표시를 하지 아니하였으리라고 여겨질 정도로 그 착오가 중요한 부분에 관한 것이어야 한다"라고 규정하고 있습니다. 따라서 매매대상 토지 중 50평(약 165㎡)가량만 도로에 편입될 것이라는 토지소유자와 중개업자의 말을 믿고 주택신축을 위하여 토지를 매수하였고 귀하가 400평(약 1,322㎡)이나 도로로 편입될 것이라는 사실을 알았다면 토지를 매수하지 아니하였으리라는 사정이 있다면, 결국 귀하가 매매계약을 체결함에 있어 그 내용의 중요부분에 착오가 있는 때에 해당하므로 계약을 해지할 수 있는 사유에 해당합니다.

03
공동주택

[1] **입주자들이 임의로 아파트 명칭을 변경할 수 있나요?**

📋 제가 살고 있는 아파트의 이름에 대하여 제 주변 사람들은 촌스럽다고 하는데, 아파트 이름을 변경하여 건축물대장에 등재하려면 어떤 요건을 갖추어야 하나요?

📋 어떠한 물건의 이름을 정하는 것은 소유자의 권리에 속하고, 그 이름을 변경하는 것도 소유자의 권리에 속합니다. 아파트 명칭을 변경하여 건축물대장에 등재하려면, 실제로 건축물의 표시에 관한 사항의 변경이 있어서 변경하고자 하는 명칭과 부합하는 외관상의 실체적·유형적 변경의 존재가 인정되어야 하며 그 명칭에 관한 권리를 가진 자의 승낙을 받아야 합니다. 아파트 명칭 변경에 따라 아파트 명칭

에 혼동을 가져오는 등 타인의 권리나 이익을 침해하여서는 안 된다
는 등의 일정한 제한이 있지만, 아파트 명칭 변경은 입주자대표회의
가 그 역할을 수행할 수 있는데, 「집합건물의 소유 및 관리에 관한 법
률」에 따라 공용부분의 변경에 관한 사항은 구분소유자 및 의결권의
각 4분의 3 이상의 동의를 얻으면 아파트 명칭을 변경할 수 있습니다.

[2] 아파트 주민이 아파트 출입문 앞에서 빙판에 미끄러져 다쳤다면 아파트 관리업체에 책임이 있나요?

🔲 아파트 주민이 자신이 살고 있는 아파트 동 출입문 근처 인도
에서 빙판길에 미끄러져 넘어지면서 부상을 당했다면 아파트 관리업
체와 관리소장에게 책임이 있나요?

🔲 아파트에 사는 입주민 김 씨는 자신이 거주하는 아파트 동 출입
문 앞 빙판에 미끄러져 허리를 심하게 다쳤고 불과 사고 1시간 전에도
같은 아파트 주민 이 씨도 같은 장소에서 미끄러져 팔과 다리에 타박
상을 입었는데, 아파트 관리업체는 사고 장소에 빙판길 주의 표지판
을 설치하거나 제빙작업을 하지 않았습니다. 사고를 당한 김 씨는 아
파트 관리업체 및 관리소장을 상대로 손해배상 소송을 제기하였고 이
에 법원은 "사고 당시 아파트 동 앞 인도 부분 등에는 살얼음이 얼어
아파트 주민인 이 씨가 결빙에 넘어져 타박상을 입은 후 1시간 가까

이 경과했음에도 당시 아파트 경비원이나 시설직 직원이 순찰을 게을리해 결빙이 발생한 사실을 알지 못했고 동절기 공동주택 관리주체는 강설이나 결빙 등에 따른 위험성에 비례해 사회통념상 일반적으로 요구되는 안전성을 갖춰야 한다"고 판시하였습니다. 또한 "아파트 관리업체는 사고 현장에 미끄럼 주의 표지판을 설치하거나 제설제를 뿌리는 등의 작업을 하지 않아 안전성을 유지하기 위해 최선을 다했다고 보기 어렵다"고 판시하면서 아파트 관리업체와 관리소장은 김 씨에게 공동으로 5,700만 원을 지급하라는 판결을 한 사례가 있습니다. 한편 사고 당시 김 씨가 주머니에 두 손을 넣고 부주의하게 걸어가다 미끄러져 넘어졌고, 사고 장소에서 다른 주민들은 미끄러지거나 넘어지지 않은 점 등을 고려해 아파트 관리업체와 아파트 관리소장의 책임을 30%로 제한하였습니다.

〔3〕 다세대주택 분양 시 면적이 과장된 경우 계약을 취소할 수 있나요?

저는 甲 회사에서 분양하는 다세대주택 33평(109㎡)의 분양광고를 보고, 견본주택을 방문하여 둘러본 후 계약을 체결하고 중도금까지 지급하였는데, 당시 계약서에는 전용면적 및 공유면적을 포함하여 총 90㎡라고 기재되어 있었습니다. 그런데 최근에야 이것이 27평(약 90㎡) 정도인 것을 알고서 항의하자 甲 회사에서는 분양광고 시

서비스면적 19㎡를 포함하여 109㎡라고 광고한 것이므로 하자가 없다고 합니다. 이 경우 저는 甲 회사의 기망행위를 이유로 계약을 취소할 수는 없나요?

답 민법은 "① 사기나 강박에 의한 의사표시는 취소할 수 있다. ② 상대방 있는 의사표시에 관하여 제3자가 사기나 강박을 행한 경우에는 상대방이 그 사실을 알았거나 알 수 있었을 경우에 한하여 그 의사표시를 취소할 수 있다. ③ 전 2항의 의사표시의 취소는 선의의 제3자에게 대항하지 못한다"라고 규정하고 있습니다. 그러므로 사기나 강박에 의한 의사표시는 취소할 수 있고, 甲 회사의 분양광고가 사기성 있는 기망행위인가의 여부에 따라 계약의 취소가능여부가 결정됩니다. 판례는 "연립주택을 분양함에 있어 면적의 수치를 다소 과장하여 광고를 하였으나, 그 분양가의 결정방법, 분양계약체결의 경위, 피분양자가 그 분양계약서나 건축물관리대장 등에 의하여 그 공급면적을 평으로 환산하여 쉽게 확인할 수 있었던 점 등 제반 사정에 비추어 볼 때, 그 광고는 단지 분양대상주택의 규모를 표시하여 분양이 쉽게 이루어지도록 하려는 의도에서 한 것에 지나지 아니한다는 이유로, 기망행위에는 해당하지 않는다"라고 하였습니다. 전용 및 공용면적만으로 당초 분양광고상의 면적에 미치지 못한다 하여 그 부족분에 대한 계약을 해제할 수 있다거나 그 대금상당의 손해가 생겼다고 볼 수 없습니다. 따라서 귀하가 연립주택의 분양계약을 하면서 평당 가격을 기준으로 하지 않고 전용면적 및 공용면적과 대지의 공유지분을 포함하여 일괄적으로 분양가를 결정하였다면, 귀하의 계약을 취소하기는 어려울 것입니다.

04
손해배상

［1］ 병원에서 지갑을 도둑맞은 경우 병원에 손해배상청구를 할 수 있나요?

문 저는 교통사고로 김포의 甲 병원에 입원하던 중 검사를 받으러 가면서 신용카드와 통장이 들어 있는 지갑을 병원 침대 옆 사물함에 두었는데 검사를 받고 오니 지갑이 없어졌습니다. 사물함에는 잠금장치가 없었고, 단지 '도난주의, 도난시에는 병원이 책임을 지지 않습니다'라는 문구만 있었습니다. 이러한 경우 저는 甲 병원에 손해배상청구를 할 수 없나요?

답 우리 민법에서는 권리행사와 의무이행은 신의에 좇아 성실히 하도록 규정하고 있는데, 입원계약에 따른 신의칙상 보호의무에 관한 판례를 보면, "환자가 병원에 입원하여 치료를 받는 경우, 병원은 진료뿐만 아니라 환자에 대한 숙식제공을 비롯하여 간호, 보호 등 입원에 따른 포괄적 채무를 지는 것인 만큼, 병원은 병실에의 출입자를 통제·감독하든가 그것이 불가능하다면 최소한 입원환자에게 휴대품을 안전하게 보관할 수 있는 잠금장치가 있는 사물함을 제공하는 등으로 입원환자의 휴대품 등의 도난방지에 필요한 적절한 조치를 강구해줄 신의칙상의 보호의무가 있다고 할 것이고, 이를 소홀히 하여 입원환자와는 아무런 관련이 없는 자가 입원환자의 병실에 무단출입하여 입원환자의 휴대품 등을 절취하였다면 병원은 그로 인한 손해배상책임을 면하지 못하고, 병원이 입원환자에게 귀중품 등 물품보관에 관한 주의를 촉구하면서 도난발생의 경우 병원이 책임질 수 없다는 설명을 한 것만으로는 병원의 과실에 의한 손해배상책임까지 면제되는 것이라고 할 수는 없다"고 하였습니다(대법원 2003. 4. 11. 선고 2002다63275 판결). 따라서 귀하는 甲 병원에 손해배상을 청구할 수 있습니다. 그러나 귀하도 도난에 대한 과실이 있으므로 어느 정도 과실상계는 할 수밖에 없습니다.

[2] 골프경기 중 일행이 친 골프공에 맞아 상해를 입었다면 골프장에도 책임이 있나요?

🈷 저는 친구들과 함께 골프장에서 캐디의 도움을 받으며 골프를

치던 중 3번 홀 여성용 티박스 부근에서 다음 티샷을 준비하게 되었는데, 마침 뒤쪽 남성용 티박스에서 甲이 티샷한 공에 머리를 맞아 심하게 다쳤습니다. 저는 골프장과 캐디를 상대로 제가 입은 손해배상을 청구할 수 없나요?

답 골프경기는 남성이 먼저 티샷을 하고 난 뒤 여성이 티샷을 하는데 귀하는 남성 티샷이 끝나기 전에 미리 여성용 티샷 부근에서 티샷 준비를 하다 사고를 당한 것으로 보이는 바, 귀하는 골프 경기규칙을 위반하고 캐디는 남성이 티샷을 마치기 전에 귀하가 여성용 티샷 부근으로 이동하지 않도록 제지하여야 할 의무를 위반한 것으로 보입니다. 운동경기는 다른 사람이 다칠 수도 있으므로, 경기자는 경기규칙을 준수하고 주위를 살펴 상해의 결과가 발생하는 것을 미연에 방지해야 할 주의의무가 있고, 이러한 주의의무는 경기보조원(캐디)에 대해서도 마찬가지입니다. 甲은 귀하가 앞에 있었음에도 티샷을 하여 귀하에게 상해를 입힌 잘못이 있고 캐디는 甲이 티샷을 할 때 귀하가 남성용 티박스 앞에 있었으므로 귀하가 앞으로 나가지 못하도록 제지하거나 甲의 티샷을 중지시키지 않은 잘못이 있습니다. 그러므로 캐디와 甲은 공동불법행위 책임이 있고, 골프장 운영자는 캐디의 사용자로서 귀하가 입은 손해를 배상할 책임이 있습니다. 그러나 귀하는 남성이 티샷을 마치기 전에 앞으로 나가면 골프공에 맞을 위험이 있다는 것을 알면서도 앞으로 나간 잘못이 있으므로 귀하에게도 책임이 있는데, 판례는 이와 유사한 사건의 경우 귀하와 같이 남성이 티샷을 마치기 전에 먼저 앞으로 나간 여성이 상해를 입은 사례에서 상해를 입은 여성에게도 40%의 과실이 있다는 판례가 있으니 참고바랍니다.

〚3〛 자동차 수리업체 종업원이 시운전 중 사고를 낸 경우 차주에게 책임이 있나요?

📖 甲은 乙이 경영하는 자동차 수리업체에 자동차 수리를 요구하면서 자동차 열쇠를 乙에게 맡겼는데 乙의 종업원인 丙이 자동차 수리 후 시운전을 하던 중 교통사고를 내 丁에게 부상을 입혔습니다. 이러한 경우 甲, 乙, 丙 중 누가 丁에게 손해배상책임이 있나요?

🗂 "자동차의 수리를 의뢰하는 것은 자동차수리업자에게 자동차의 수리와 관계되는 일체의 작업을 맡기는 것으로서, 여기에는 수리나 시운전에 필요한 범위 안에서의 운전행위도 포함되는 것이고, 자동차의 소유자는 수리를 의뢰하여 자동차를 수리업자에게 인도한 이상 수리완료 후 다시 인도받을 때까지는 자동차에 대하여 관리지배권을 가지지 아니합니다. 따라서 위 사안에서는 甲은 책임이 없고 乙은 丙의 사용자로서, 丙은 민법 제750조의 불법행위자로서, 모두 丁에 대한 손해를 배상할 책임이 있습니다. 그러나 "자동차 수리업자에게 자동차의 수리를 맡기고서도 자리를 뜨지 않고 부품교체작업을 보조·간섭

하였을 뿐만 아니라, 위 교체작업의 마지막 단계에서는 수리업자의 부탁으로 시동까지 걸어준 경우, 자동차 소유자는 수리작업 동안 수리업자와 공동으로 자동차에 대한 운행지배를 하고 있다"라고 하여 차주인 甲에게도 손해배상의 책임이 있다는 판례도 있으니 참고바랍니다.

[4] 해외여행 중 호텔인근 해변에서 야간에 물놀이를 하다 익사한 경우 여행사에 책임이 있나요?

🔳 기획여행사와 여행계약을 하고 해외여행 중 여행자가 자유시간인 야간에 숙소인 호텔인근 바닷가에서 물놀이를 하는데 여행 인솔자는 물놀이를 하는 여행자를 발견하고 '바닷가는 위험하니 빨리나오라'고 말하고 현장을 떠났습니다. 그 후 여행자가 다른 여행자와 함께 계속 물놀이를 하다 익사했다면 여행사는 책임이 없나요?

🔳 기획여행업자는 통상 여행 일반은 물론 목적지의 자연적·사회적 조건에 관하여 전문적 지식을 가진 자로서 우월적 지위에서 행선지나 여행시설의 이용 등에 관한 계약 내용을 일방적으로 결정하는 반면, 여행자는 그 안전성을 신뢰하고 기획여행업자가 제시하는 조건에 따라 여행계약을 체결하는 것이 일반적입니다. 그러므로 기획여행업자는 여행자와 여행계약을 체결할 경우에는 여행자의 생명·신체·재산 등의 안전을 확보하기 위하여 여행목적지·여행일정·여행행정·

여행서비스기관의 선택 등에 관하여 미리 충분히 조사·검토하여 전문업자로서의 합리적인 판단을 하여야 하고 그에 따라 기획여행업자는 여행을 시작하기 전 또는 그 이후라도 여행자가 부딪힐지 모르는 위험을 예견할 수 있을 경우에는 여행자에게 그 뜻을 알려 여행자 스스로 그 위험을 수용할지를 선택할 기회를 주어야 합니다. 더불어 그 여행계약 내용의 실시 도중에 그러한 위험 발생의 우려가 있을 때는 미리 그 위험을 제거할 수단을 마련하는 등의 합리적 조치를 하여야 합니다. 하지만 여행 도중 위와 같은 안전배려의무 위반을 이유로 여행자가 기획여행업자에게 손해배상책임을 묻기 위해서는 사고와 직접 또는 간접적으로 관련성이 있어야 하며, 그 사고 위험이 여행과 관련 없이 일상생활에서 발생할 수 있는 것이 아니어야 하며, 기획여행업자가 그 사고 발생을 예견하였거나 예견할 수 있었음에도 그러한 사고 위험을 미리 제거하기 위하여 필요한 조치를 다하지 못하였다고 평가할 수 있어야 합니다. 즉 기획여행업자가 취할 조치는 개별적·구체적 상황에서 여행자의 생명·신체·재산 등의 안전을 확보하기 위하여 통상적으로 필요한 조치이면 됩니다. 따라서 여행자가 자유시간인 야간에 숙소인 호텔 인근 해변에서 물놀이하고 인솔자가 이를 발견하여 '바닷가는 위험하니 빨리 나오라'라고 말하였음에도 여행자가 다른 여행자와 함께 계속 물놀이를 하다가 익사했다면 여행사가 안전배려의무를 위반하였다고 볼 수 없으므로 여행사의 손해배상책임은 없다는 것이 법원의 판례입니다.

[5] 중학교 운동부 학생이 훈련 중 상해를 입은 경우 학교에 책임이 있나요?

🔲 사립중학교 유도운동부 학생이 유도대회를 앞두고 고등학생 유도선수와 훈련하다가 상대방의 몸에 눌려 목이 꺾이는 사고로 사지마비 등의 상해를 입은 경우 학교는 어느 정도 책임이 있나요?

🔲 학교는 학생의 생명, 신체, 건강 등의 안전을 확보하기 위하여 교육장소의 물적 환경을 정비하여야 하고, 학생이 교육을 받는 과정에서 위험 발생의 우려가 있을 때에는 미리 그 위험을 제거할 수단을 마련하는 등 합리적 조치를 취해야 할 의무가 있습니다. 학교가 안전배려의무를 위반하여 학생의 생명, 신체, 건강 등을 침해, 손해를 입힌 때에는 손해배상책임이 있는데, 손해배상책임을 인정하기 위해서는 문제가 된 사고와 재학계약에 따른 교육활동 사이에 직접 또는 간접적으로 관련성이 인정되어야 하고, 학교법인이 설립한 학교의 학교장이나 교사가 그 사고를 교육활동에서 통상 발생할 수 있다고 예견하였거나 예견할 수 있었음에도 그러한 사고 위험을 미리 제거하기 위하여 필요한 조치를 다하지 못했다고 평가할 수 있어야 합니다. 특히 운동부 학생은 활발한 신체활동이 예정되어 있어서 학생의 생명, 신체, 건강 등의 안전을 위태롭게 할 위험이 발생할 가능성이 높다고 할 수 있습니다. 그래서 운동부 학생을 지도하는 교사는 운동부 학생의 건강상태에 대해 자세히 점검하고 그 이상 여부를 확인하여야 합

니다. 또한 점검 결과에 따라 학생의 실력 수준과 건강상태에 따라 위험을 예방하거나 제거할 수 있는 수단을 마련해두어야 하며, 그 훈련 상황을 자세히 관찰하면서 혹시 있을지 모르는 위험한 상황에 대하여 적절한 조치를 할 수 있는 준비를 해야 하고, 사고가 발생한 때에는 피해 발생을 최소화하기 위해 신속하고 적절한 조치를 취해야 합니다.

법원은 중학교 유도운동부 학생이 유도대회를 앞두고 고등학생 유도 선수와 훈련하다가 상대방의 몸에 눌려 목이 꺾이는 사고로 사지마비 등의 상해를 입은 사안에서, 학교 측의 과실을 60%로 선고한 판례가 있으니 참고바랍니다.

05
교통사고

[1] **무상으로 호의동승하다 사고가 발생한 경우에는 손해배상을 감액할 수 있나요?**

🔲 저는 김포 시내 5일장에 버스를 타고 가기 위해 기다리던 중 마침 동네 선배를 만나 선배의 승낙하에 그 자동차에 동승하여 시장에 가게 되었는데, 선배의 운전부주의로 가로수에 충돌하는 사고가 발생하여 요추압박골절의 부상을 당했습니다. 그런데 보험회사에서는 제가 선배 자동차에 무상으로 호의동승했다는 이유로 치료비 등 손해배상액 중 30%를 감액한다고 합니다. 보험회사의 주장이 맞나요?

🔲 무상으로 호의동승했다는 이유로 사고 시 손해배상액이 무조건 감경된다면, 피해자는 억울할 것입니다. 그러나 차량의 운행자가

아무런 대가를 받지 아니하고 동승자의 편의와 이익을 위하여 동승을 허락하고 동승자도 그 자신의 편의와 이익을 위하여 그 제공을 받은 경우 운전자에게 일반교통사고와 동일한 책임을 지우는 것이 신의성실의 원칙이나, 이는 형평의 원칙으로 본다면 운전자에게 매우 불합리한 사안입니다. 그래서 귀하와 같은 경우는 그 배상액을 경감할 수 있으나, 선배 차량에 단순히 호의로 동승하였다는 사실만 가지고 손해액을 30%나 감경당해야 한다는 것은 지나치다 할 것입니다.

〔2〕 손수레를 끌고 횡단보도를 건너는 사람도 보행자인가요?

🈺 제 동생은 얼마 전 승용차를 운전하다 손수레를 끌고 횡단보도를 건너가는 피해자를 발견하고 급정거하였으나 피하지 못하고 충격하여 전치 3주의 상해를 입혔습니다. 제 동생의 차량은 종합보험에 가입되어 있는데 형사처벌을 받게 되나요?

🈺 업무상과실치상죄 또는 중과실치상죄에 있어서 사고 당시 가해차량이 종합보험 또는 공제조합에 가입되어 있거나, 피해자와 합의가 성립된 경우에는 원칙적으로 형사처벌을 받지 않습니다. 그러나 피해자가 사망한 경우, 뺑소니 운전, 신호위반, 중앙선 침범, 제한시속 위반, 앞지르기 위반, 건널목통과 위반, 횡단보도상의 보행자 보호 위반, 무면허·음주, 인도상의 사고, 개문발차사고, 어린이 보호구역에서 어

린이의 신체를 상해한 사고, 피해자의 중상해 등의 경우에는 가해운전자의 잘못이 크다고 보여지므로 보험가입 여부나 합의에 관계없이 처벌을 받습니다. 귀하의 경우는 손수레를 끌고 횡단보도를 건너가는 사람이 보행자인지 여부입니다. 오토바이나 자전거를 타고 횡단보도를 건너는 사람은 보행자로 취급하지 않습니다만, 손수레는 자전거나 오토바이와는 달리 끌고 가는 것 외에 다른 이동방법이 없으므로 손수레를 끌고 횡단보도를 건너는 사람은 횡단보도상의 보행자로서 보호를 받아야 합니다. 따라서 귀하는 횡단보도에서의 보행자 보호의무를 위반하였다 할 것이므로 종합보험에 가입되었다 하더라도 「교통사고처리특례법」에 의한 처벌을 면할 수 없습니다.

[3] 16세 자녀가 무면허로 오토바이 운전을 하다가 사고를 내면 부모의 책임인가요?

🔲 甲은 올해 16세 고등학교 2학년 남학생인데 오토바이 운전면허도 없이 친구 아버지의 100cc 오토바이를 친구로부터 빌려 과속으로 운전하다가 乙을 충격하는 사고로 乙에게 장해가 발생하는 상해를 입혔습니다. 그런데 甲은 학생이라서 돈이 없고 오토바이의 소유자인 친구의 아버지도 경제적으로 어려워 모두 乙의 치료비를 부담할 만한 재산이 없습니다. 甲의 부모는 경제적으로 능력이 있는데 이 때 피해자 乙이 甲의 부모를 상대로 위 사고로 인한 손해배상을 청구

할 수는 없나요?

답 책임능력 있는 미성년자의 불법행위로 인하여 손해가 발생한 경우 그 손해가 미성년자 감독의무자의 의무위반과 상당한 인과관계가 있는 경우 감독의무자는 일반불법행위자로서 손해배상의무가 있습니다. 책임능력 있는 미성년자의 불법행위와 감독의무자의 손해배상의무에 관하여 판례를 살펴보면, 만 16세 고등학교 1학년 학생이 무면허로 오토바이를 운전하다 사고를 낸 사건에서 "사고 당시의 연령과 수학 정도 등에 비추어 불법행위에 대한 책임을 변별하여 인식할 능력은 있었으나, 경제적인 면에서 전적으로 그의 부모에게 의존하며 그들의 보호·감독을 받고 있었으므로, 부모로서는 그 자에 대하여 면허 없이 오토바이를 운전하지 못하도록 하는 등 보호·감독을 철저히 하여야 할 주의의무가 있는데도 이를 게을리한 잘못이 있다"고 하여 그 부모에게도 교통사고에 대한 손해배상책임이 있다고 본 사례가 있습니다(대법원 1999. 7. 13. 선고 99다19957 판결). 그리고 사고 당시 18세 미성년자가 운전면허가 없음에도 가끔 작은 아버지의 화물차를 운전한 경우, "부모로서는 미성년의 아들이 무면허운전을 하지 못하도록 보호·감독하여야 할 주의의무가 있음에도 이를 게을리하여 화물차를 운전하도록 방치한 과실이 있고, 부모의 보호·감독상의 과실이 사고발생의 원인이 되었으므로, 부모들이 피해자가 입은 손해를 배상할 책임이 있다"고 본 사례도 있습니다(대법원 1997. 3. 28. 선고 96다

15374 판결). 그러므로 위 사안에서 乙은 甲의 부모를 상대로 甲의 불법행위로 인한 손해배상을 청구할 수 있습니다.

[4] 도로 중앙선이 백색 점선으로 표시된 지역에서 유턴을 하다 사고를 내면 중앙선 침범 사고인가요?

📝 보통은 황색 실선이나 황색 점선으로 된 중앙선이 설치된 도로인데 일부 구역에서 좌회전이나 유턴이 허용되고 이 지역은 중앙선이 백색 점선으로 표시되어 있습니다. 이 지역에서 유턴을 해 중앙선을 넘어 운행하다가 반대편 차로를 운행하는 차량과 충돌하는 교통사고를 내면 중앙선 침범 사고인가요?

📌 「도로교통법」상 중앙선이라 함은 "차마의 통행방향을 명확하게 구분하기 위하여 도로에 황색 실선이나 황색 점선 등의 안전표지로 표시한 선 또는 중앙분리대나 울타리 등으로 설치한 시설물을 말한다"고 규정하고 있습니다. 그리고 "차마의 운전자는 도로의 중앙우측 부분을 통행하여야 한다"고 규정하고 있고 중앙선을 침범한 교통사고의 경우 피해자가 명시한 의사와 상관없이 형사처벌을 규정하고 있는데, 이는 운전자가 진행방향 차로를 준수하여 서로 반대방향으로 운행하는 차량의 안전한 운행과 원활한 교통을 확보하기 위한 것입니다. 그러나 황색 실선이나 황색 점선으로 된 중앙선이 설치된 도로

의 어느 구역에서 좌회전이나 유턴이 허용되어 중앙선이 백색 점선으로 표시되어 있는 경우, 그 지점에서 좌회전이나 유턴이 허용되는 신호 상황 등 안전표지에 따라 좌회전이나 유턴을 하기 위하여 중앙선을 넘어 운행하다가 반대편 차로를 운행하는 차량과 충돌하는 교통사고를 내었더라도 이를 「교통사고처리특례법」에서 규정한 중앙선 침범 사고는 아닙니다.

[5] 교통사고 후유증 발생 시 손해배상청구 시기는 언제까지인가요?

🔲 제 아들 甲은 15년 전 당시 2세 되던 해 乙의 운전과실로 차량에 치어 상해를 입었으나, 乙이 재산이 전혀 없어 치료비만 지급받고 합의를 해주었는데 아들은 얼마 전 다른 질병으로 병원에 갔다가 당시 교통사고로 족부의 성장판을 다쳐 후유장해가 발생했다는 사실을 알게 되었습니다. 이 경우 지금이라도 가해자인 乙에게 추가로 손해배상청구권을 행사할 수 있나요?

🔲 불법행위로 인한 손해배상청구권은 그 손해 및 가해자를 안 날로부터 3년간 이를 행사하지 아니하면 시효로 인하여 소멸하고, 불법행위를 한 날로부터 10년을 경과한 때에도 마찬가지라고 규정하고 있습니다. 그런데 불법행위 당시에는 전혀 예견할 수 없었던 새로운 손해가 발생하거나 손해가 확대된 경우, 그 부분에 대한 손

해배상청구권의 소멸시효기산점은 그 손해 및 가해자를 안 날부터 3년간 행사하지 아니하면 시효로 인하여 소멸하고 이때 '손해를 안 날'이란 손해를 현실적이고도 구체적으로 인식하는 것을 뜻하므로 통상의 경우 상해의 피해자는 상해를 입었을 때 그 손해를 알았다고 볼 수 있지만, 그 후 후유증 등으로 인하여 불법행위 당시에는 전혀 예견할 수 없었던 새로운 손해가 발생하였다거나 예상외로 손해가 확대된 경우에는 그러한 사유가 판명된 때에 새로이 발생 또는 확대된 손해를 알았다고 보아야 합니다. 따라서 귀하의 아들은 좌족부의 성장판을 다쳐 의학적으로 뼈가 성장을 멈추는 만 18세가 될 때까지는 위 좌족부가 어떻게 변형될지 모르는 상태였던 경우이고 나중에서야 진찰을 받은 결과 비로소 피해자의 좌족부 변형에 따른 후유장해의 잔존 및 그 정도 등을 가늠할 수 있게 되었다면 그때서야 현실화된 손해를 구체적으로 알았다고 보아야 할 것이므로 甲은 불법행위 당시에는 전혀 예견할 수 없었던 새로운 손해가 발생하였다거나 예상외로 손해가 확대된 경우이므로 이를 입증하여 손해배상청구를 할 수 있습니다.

[6] 불법으로 입국한 외국인이 국제운전면허증을 소지하고 있다면 운전할 수 있나요?

📋 국제운전면허증을 소지한 외국인이 불법으로 입국하여 운전을

한 경우 무면허운전에 해당하나요?

답 「도로교통법」은 국내에 입국한 날부터 1년 동안은 국제운전면허증으로 운전할 수 있도록 규정하고 있습니다. 이때 '입국'의 의미는 「출입국관리법」이 정한 정상적인 입국심사절차를 거치지 아니하고 불법으로 입국한 경우도 포함되는지 여부인데, 「도로교통법」상 '국내에 입국한 날'은 「출입국관리법」에 따라 적법한 입국심사절차를 거쳐 입국한 날을 의미하고, 그러한 적법한 입국심사절차를 거치지 아니하고 불법으로 입국한 경우에는 국제운전면허증을 소지하고 있는 경우라 하더라도 「도로교통법」이 예외적으로 허용하는 국제운전면허증에 의해 운전한 경우에 해당한다고 볼 수 없습니다. 만약 「출입국관리법」이 정한 정상적인 입국심사절차를 밟지 않고 불법입국 하였다고 하더라도, 국제운전면허증을 소지하고 있다는 이유만으로 불법으로 입국한 외국인도 운전을 할 수 있다고 본다면, 운전면허를 받아야 하는 경우와는 달리 운전행위 허가를 받을 수 없는 사람에게 국내에서의 운전행위를 허용해주는 결과가 됩니다. 그리고 불법으로 입국한 사람도 입국한 날부터 1년 동안 국제운전면허증에 의한 운전을 할 수 있는 것으로 해석한다면, 적법하게 입국한 사람보다 불법으로 입국한 사람이 더 유리하게 되는 불합리한 결과를 낳게 될 위험도 있기 때문입니다.

〔 7 〕 운전면허가 없어도 아파트 단지 내 지하주차장에서는 운전할 수 있나요?

🈸 운전면허 없이 아파트 단지 내 지하주차장에서 승용차를 운전하면 무면허운전으로 처벌받나요?

🈲 「도로교통법」은 "누구든지 운전면허를 받지 않거나 운전면허의 효력이 정지된 경우에는 자동차 등을 운전하여서는 안 된다"고 규정하고 있고 이를 위반하면 처벌하고 있습니다. 그런데 「도로교통법」상 '운전'이란 도로에서 차마를 그 본래의 사용방법에 따라 사용하는 것을 말하고 다음과 같은 경우는 도로 외의 곳에서 운전한 경우를 포함하고 있는데, 첫째 술에 취한 상태에서 운전한 경우, 둘째 약물로 인하여 정상적으로 운전하지 못할 우려가 있는 상태에서 운전한 경우, 셋째 차의 운전 등 교통으로 인하여 사람을 사상하거나 물건을 손괴하고 사상자를 구호하는 등 필요한 조치나 피해자에게 인적사항 제공을 하지 않은 경우입니다. 무면허운전이 성립하기 위해서는 운전면허를 받지 않고 자동차 등을 운전한 곳이 「도로교통법」상 도로에 해당하고 안전하고 원활한 교통을 확보할 필요가 있는 장소 중 하나에 해당하여야 합니다. 그러므로 도로가 아닌 곳에서 운전면허 없이 운전한 경우에는 무면허운전에 해당하지 않습니다. 따라서 운전면허 없이 자동차 등을 운전한 곳이 위와 같이 일반교통경찰권이 미치는 공공성이 있는 장소가 아니라 특정인이나 그와 관련된 용건이 있는 사람만 사

용할 수 있고 자체적으로 관리되는 곳이라면 「도로교통법」에서 정한 '도로에서 운전'한 것이 아니므로 무면허운전으로 처벌할 수 없습니다. 그리고 아파트 단지 내 지하주차장은 아파트 단지와 주차장의 규모와 형태, 아파트 단지나 주차장에 차단 시설이 설치되어 있는지 여부, 경비원 등에 의한 출입 통제 여부, 아파트 단지 주민이 아닌 외부인이 주차장을 이용할 수 있는지 여부 등에 따라서 「도로교통법」상 도로에 해당하는지 그 여부가 달라질 수 있습니다.

[8] 급박한 상황에서 약 300m 음주운전을 한 경우에도 처벌을 받나요?

問 급박한 상황에 음주운전을 했다면 이 경우 처벌받지 않는다는데 사실인가요?

答 음주상태에서 약 300m 가량 운전했으나, 당시 음주운전은 급박한 경우(긴급피난)에 해당한다며 무죄를 선고한 사례입니다.

甲은 지인들과 술을 마신 후에 대리운전기사를 호출하여 자기 승용차를 운전하도록 하였고 대리운전기사는 甲의 집쪽 지리를 정확히 알지 못해, 내비게이션 시스템을 다리 사이에 끼워놓고 운전을 하였습니다. 그러자 甲은 대리운전기사에게 "길을 잘 모르냐?", "운전을 몇 년 했느냐?" 등 대리운전기사의 운전능력에 대한 의문을 표시하였고 결국 甲과 대리운전기사 사이에 시비가 붙자 甲은 대리운전기사에게 화를 내면서 승용차에서 내리라고 말했고, 대리운전기사는 승용차를 정차시키고 차에서 내린 후 그냥 가버렸습니다.

甲은 대리운전 업체에 전화를 걸어 대리기사를 다시 보내달라고 요청했으나, 대리운전 업체는 대리기사를 보내줄 수 없다고 하였습니다. 그런데 대리운전기사가 승용차를 정차시킨 곳은 편도 2차선의 도로로, 이 도로에는 갓길이 없고 2차로 옆에는 가드레일이 있어 자동차 전용도로는 아니지만 자동차 전용도로와 유사해 차가 주차해 있으리라 예상하기 어려운 도로였습니다.

정차된 甲의 승용차 옆을 지나가는 다른 차량들은 경적을 울리면서 빠른 속도로 지나가기도 했고, 이 도로는 사고가 자주 발생하는 도로로 제한속도는 시속 70km이나 사람들은 시속 80km로 운전하기도 하는 도로라서 甲은 할 수 없이 정차 장소에서부터 운전하여 약 300m 떨어진 주유소 안쪽에 차량을 정차시킨 후 112로 신고하여, 대리운전기사가 운전을 하다가 그냥 가버렸는데 위험할 것 같아서 주유소 안쪽으로 운전해 들어왔다고 통화를 하였습니다. 당시 甲은 약 300m 구간을 혈중알코올농도 0.14%의 술에 취한 상태로 승용차를 운전한 것입니다.

이에 대하여 법원은 "대리운전기사가 승용차를 정차하여 둔 도로는 새벽 시간에 장시간 승용차를 정차할 경우 사고의 위험이 상당히 높고, 甲이 승용차를 운전하여 간 거리는 약 300m에 불과하여 甲은 임박할지도 모르는 사고의 위험을 회피하기 위하여 필요한 만큼의 거리를 운전한 것으로 보인다. 甲은 승용차를 안전한 곳에 정차하여 둔 후 112로 자발적으로 신고하면서 자신이 음주운전 사실을 여과 없이 그대로 진술했고, 甲의 행위로 인하여 침해되는 사회적 법익과 그로 인하여 보호되는 법익을 형량하여 볼 때 후자가 보다 우월한 법익에 해당한다"고 하였습니다. 즉 甲의 행위는 긴급피난에 해당하여 범죄로 보이지 않는다며 甲에게 무죄를 선고하였습니다.

그러나 위와 같은 甲의 사례는 긴급피난에 해당하는 특수한 경우이며 이유를 불문하고 음주운전은 범죄행위에 해당합니다. 따라서 어떠한 경우도 음주운전을 해서는 안 됩니다.

06
산업재해

［1］「산업재해보상보험법」에서 '근로자'를 판단하는 기준은 무엇인가요?

📄 「산업재해보상보험법」에서 '근로자'란 「근로기준법」에 따른 근로자를 의미하는지 여부 및 근로자를 판단하는 기준은 무엇인가요?

📄 「산업재해보상보험법」에서 '근로자'란 「근로기준법」에 따른 근로자를 의미합니다. 「근로기준법」상의 근로자에 해당하는지 여부는 계약의 형식이 고용계약, 도급계약 또는 위임계약인지보다는 근로제공 관계의 실질이 근로제공자가 사업 또는 사업장에 임금을 목적으로 종속적인 관계에서 사용자에게 근로를 제공하였는지 여부에 따라 판단하여야 합니다. 그리고 종속적인 관계가 있는지는 업무 내용을 사

용자가 정하고 취업규칙 또는 복무규정 등의 적용을 받으며 업무수행 과정에서 사용자가 상당한 지휘·감독을 하는지, 사용자가 근무시간과 근무장소를 지정하고 근로제공자가 이에 구속을 받는지, 근로제공자가 스스로 비품·원자재나 작업도구 등을 소유하거나 제3자를 고용하여 업무를 대행하게 하는 등 독립하여 자신의 계산으로 사업을 영위할 수 있는지, 근로제공을 통한 이윤의 창출과 손실의 초래 등 위험을 스스로 안고 있는지, 보수의 성격이 근로 자체의 대상적 성격인지, 기본급이나 고정급이 정해졌고 근로소득세를 원천징수했는지, 근로제공 관계의 계속성과 사용자에 대한 전속성의 유무와 정도, 사회보장제도에 관한 법령에서 근로자로서 지위를 인정받는지 등의 경제적·사회적 여러 조건을 종합하여 판단합니다. 그러나 기본급이나 고정급이 정해졌는지, 근로소득세를 원천징수했는지, 사회보장제도에 관하여 근로자로 인정받는지 등의 사정은 사용자가 경제적으로 우월한 지위를 이용하여 임의로 정할 여지가 크다는 점에서 그러한 점들이 인정되지 않는다는 것만으로 근로자성을 부정할 수는 없습니다. 즉, 회사나 법인의 이사 또는 감사 등 임원이라도 그 지위 또는 명칭이 형식적·명목적인 것이고 실제로는 매일 출근하여 업무집행권을 갖는 대표이사나 사용자의 지휘·감독 아래 일정한 근로를 제공하면서 그 대가로 보수를 받는 관계에 있다거나 또는 회사로부터 위임받은 사무를 처리하는 외에 대표이사 등의 지휘·감독 아래 일정한 노무를 담당하고 그 대가로 일정한 보수를 지급받아왔다면 그러한 임원은 「근로기준법」상의 근로자에 해당합니다.

〔2〕 근로자가 업무상 재해로 요양급여를 받은 경우 해고할 수 있나요?

문 저는 甲 회사에 고용되어 일하던 중 인대파열의 부상을 입고 산업재해보상보험으로 1년간의 치료를 받았습니다. 그런데 회사에서는 저에게 아무런 말도 없이 산재치료가 끝나자 일방적으로 해고 처리했는데, 회사의 부당한 해고조치에 대하여 구제받을 방법은 없나요, 제가 장해보상을 받은 것이 해고사유가 되나요?

답 「근로기준법」제23조 제1항은 "사용자는 근로자에 대하여 정당한 이유 없이 해고, 휴직, 정직, 전직, 감봉 그 밖의 징벌을 하지 못한다"라고 규정하고 있고, 같은 조 제2항에서는 "사용자는 근로자가 업무상 부상 또는 질병의 요양을 위하여 휴업한 기간과 그 후 30일 동안 또는 산전·산후의 여성이 이 법에 따라 휴업한 기간과 그 후 30일 동안은 해고하지 못한다. 다만, 사용자가 일시보상을 하였을 경우 또는 사업을 계속할 수 없게 된 경우에는 그러하지 아니하다"라고 규정하고 있습니다. 귀하의 경우 업무상 재해로 치료를 받고 치료종결 후 「산업재해보상보험법」상의 장해보상을 받았다거나 보상금의 수령여부가 해고사유가 되는 것은 아닙니다. 회사 측이 귀하를 계속 종전의 업무에 종사하게 할 것인지 여부는 귀하의 장해정도와 귀하가 종사할 업무의 성격 등에 따라서 결정될 사안이지 장해보상의 수령 여부는 문제가 되지 않습니다.

　회사에서는 귀하와의 근로계약관계를 종료시키는 경우 그것이 정당한 것으로 인정되기 위해서는 「근로기준법」의 규정에 의한 '정당한 사유'가 있어야 하는데, 이때 귀하를 '신체장해로 인하여 직무를 감당할 수 없을 때'에 해당한다고 보아 퇴직처분을 함에 있어서 그 정당성은 근로자가 신체장해를 입게 된 경위 및 그 사고가 사용자의 귀책사유 또는 업무상 부상으로 인한 것인지의 여부, 근로자의 치료기간 및 치료종결 후 노동능력상실의 정도, 근로자가 사고를 당할 당시 담당하고 있던 업무의 성격과 내용 등 제반 사정을 종합적으로 고려하여 합리적으로 판단해야 합니다. 뿐만 아니라 업무상 부상 내지는 질병의 요양을 위한 경우에는 해고금지기간의 제한이 있는데, 귀하의 치료종결일자의 해고처분은 위 해고금지기간을 위반한 것으로 보입니다. 따라서 장해의 정도가 경미하고 종전의 업무에 종사하는데 아무런 영향이 없는데도 단순히 산재환자라는 이유만으로 귀하를 해고시켰다면, 이는 「근로기준법」을 위반하였다 할 것이므로 해고일로부터 3개월 이내에 관할노동위원회에 구제신청을 하거나, 법원에 해고무효확인소송을 통해 구제받으시기 바랍니다.

[3] 회식이 끝난 후 술을 더 마시기 위해 회사차량으로 이동하다가 교통사고를 당했다면 업무상 재해인가요?

📋 회사에서 정규회식을 마치고 참석근로자의 일부가 술을 더 마시자며 회사차량으로 이동하던 중 교통사고를 당해 근로자들이 다친 경우 업무상 재해로 인정받을 수 있나요?

🗂 근로자가 근로계약에 의하여 통상 종사할 의무가 있는 업무로 규정되어 있지 아니한 회사 외의 행사나 모임에 참가하던 중 재해를 당한 경우, 이를 업무상 재해로 인정하려면 우선 그 행사나 모임의 주최자, 목적, 내용, 참가인원과 그 강제성 여부, 운영방법, 비용부담 등의 사정들에 비추어 사회통념상 그 행사나 모임의 전반적인 과정이 사용자의 지배나 관리를 받는 상태에 있어야 하고, 또한 근로자가 그와 같은 행사나 모임의 순리적인 경로를 일탈하지 아니한 상태에 있어야 합니다. 근로자가 자신이 팀장으로 있는 직원의 인사이동에 따른 회식을 2차까지 마친 후 야간근로자들의 작업상태를 확인하기 위하여 밤늦게 음주한 채 자신의 승용차를 운전하여 귀사(歸社) 도중 사고가 발생하여 사망한 경우, 위 회식은 그 참석이 강제되지 않았고, 또한 위 회식 후 망인의 귀사 행위도 망인의 임의적인 행위로서 근로의무이행을 위한 업무수행의 연속이라거나 업무수행과 관련된 활동이라고 보기 어렵다며 업무상 재해를 인정하지 않은 사례가 있습니다. 그런데 사용자가 주최하던 정규회식을 마치고 대부분의 참석근로자

들은 귀가를 하였는데 일부 근로자들이 다른 곳에 가서 술을 더 마시기 위하여 회사차량을 함께 타고 가다가 발생한 교통사고로 인하여 근로자들이 사망하거나 다친 경우, 피해 근로자들이 임의로 자기들만의 모임을 계속한 것은 그들의 사적인 행위에 해당하는 것으로서 이를 가리켜 사용자의 지배·관리하의 행사가 계속된 것이라고 볼 수는 없다 하겠습니다. 따라서 위 사안의 경우도 피해 근로자들이 정규회식을 마치고도 임의로 자기들만의 모임을 계속한 것으로 이는 사용자의 지배·관리하의 행사가 계속된 것이라고 볼 수는 없고, 당초 행사의 순리적인 경로를 이탈한 것으로 업무수행성을 인정할 수 없어 업무상 재해로 인정될 수 없을 것으로 보입니다.

〔4〕 사내 축구동호회 경기 도중 부상을 당한 경우도 산업재해보상을 받을 수 있나요?

🔲 甲 회사의 직원으로 근무하고 있는 A는 회사내 축구동호회 회원인데 동호회가 참가한 축구경기 도중 미끄러지는 사고를 당하여 다리가 골절되었습니다. A는 업무상 재해로서 산재보상을 받을 수 있나요?

🔲 결론적으로 말씀드리면 업무상 재해로서 「산업재해보상보험법」에 따라 보상을 받을 수 있을 것으로 보입니다. 귀하와 유사한 사

례를 소개하고자 합니다. 甲 주식회사에서 팀장으로 근무하는 乙이 사내 축구동호회가 참가한 축구경기 도중 미끄러지는 사고를 당하여 좌측 요골 원위부 분쇄골절 상해를 입자 요양급여를 신청했는데 근로복지공단이 불승인처분을 한 사안에서, 법원은 "甲 회사가 동호회 축구경기 참가를 통상적·관례적으로 인정한 것으로 보이는 점, 甲 회사의 대표이사가 축구동호회 가입 및 축구경기의 참가를 독려하여 회사직원으로서는 사실상 이를 거부하기 어려웠을 것으로 보이는 점, 동호회 축구경기의 상대방이 거래처인 경우가 대부분이어서 영업에 도움이 되는 효과를 기대할 수 있는 점, 대표이사 등 임원들이 축구회의 운영을 간접적으로 지원하였던 점 등에 비추어 보면, 위 축구경기는 사회통념에 비추어 노무관리상 필요에 의해 사업주가 실질적으로 주최하거나 관행적으로 개최된 행사로서 전반적인 과정이 사용자의 지배나 관리를 받는 상태에 있었다고 보아, 그 과정에서 발생한 사고가 업무상 재해에 해당한다"고 판시하여 귀하도 업무상 재해로 보이므로 근로복지공단에 산업재해보상보험을 신청해보시기 바랍니다.

07
노동

[1] 연봉제 근로계약도 퇴직금을 별도로 청구할 수 있나요?

🔲 저는 5년 전 甲 주식회사에 입사하여 근무하다가 1년 전 퇴사하였는데, 입사 당시 퇴직금이 포함된 연봉제 임금에 대한 동의서와 연봉계약서를 작성하였습니다. 퇴직 후 甲 회사는 매월 급여 지급 시에 퇴직금을 포함해 지급하였으므로 퇴직금을 지급할 의무가 없다며 퇴직금을 지급하지 않고 있습니다. 저는 퇴직금을 받을 수는 없나요?

🔲 연봉제란 업무성과에 따라 임금을 1년 단위로 계약하는 제도입니다. 그러므로 회사에서는 연봉제로 계약을 체결하면서 매년 지급되는 연봉 속에 퇴직금이 포함되어 있다는 주장을 하기도 합니다. 그러나 근로자와 사업주 상호간에 매년 연봉제 계약을 체결하고 각 연봉

제 계약 체결을 원인으로 1년간 연봉의 1/12로서 매월 급여를 지급받았다 하더라도 이는 임금인 연봉액의 1/12을 지급한 것으로서 포괄임금의 지급에 불과하며 강행법규인 「근로기준법」 및 「근로자퇴직급여보장법」의 퇴직금 지급으로서의 효력은 없습니다. 「근로기준법」은 사용자가 퇴직하는 근로자에게 퇴직금을 지급할 수 있는 제도를 마련하고 있습니다. 퇴직금이란 퇴직이라는 근로관계의 종료를 요건으로 하여 비로소 발생하는 것으로 근로계약이 존속하는 동안에는 원칙적으로 퇴직금 지급의무가 발생할 여지는 없습니다. 사용자와 근로자들 사이에 매월 지급받는 임금 속에 퇴직금이란 명목으로 일정한 금원을 지급하기로 약정하고 사용자가 이를 지급하였다 해도 그것은 「근로기준법」에서 정하는 퇴직금 지급으로서의 효력은 없습니다. 또한 근로자가 최종 퇴직 시 발생하는 퇴직금청구권을 사전에 포기하는 것도 「근로기준법」에 위배되어 무효입니다. 하지만 사용자와 근로자가 매월 지급하는 월급과 함께 퇴직금으로 일정한 금원을 미리 지급하기로 약정을 하고 사용자가 근로자에게 이를 지급하였다면, 퇴직금 중간정산으로 인정될 수 있으며, 이와 같은 경우 근로자는 수령한 퇴직금 명목의 금원을 사용자에게 반환할 의무가 발생합니다.

〔 2 〕 근로계약 해지 시 해지의 효력 발생 시기는 언제인가요?

문 저는 제가 다니던 회사를 개인사정으로 그만두게 되어 대표자의 동생이자 실질적으로 모든 회사의 운영을 맡고 있는 전무에게 퇴직하겠다는 말을 하고 그 다음 날부터 출근하지 않았습니다. 그리고 월급날인 말일에 밀린 월급을 받으러 갔더니 전무는 제가 무단결근을 하고 회사에 손해를 입혔으므로 월급을 줄 수 없다고 합니다. 저는 전무에게 사직 통보를 하면 퇴사 처리가 되는 것으로 알고 있었는데 제가 무단결근으로 월급을 받을 수 없는 건가요?

답 사용자와 근로자 간의 고용계약의 체결 또는 해지는 서면에 의하여 명확히 하는 것이 타당하지만, 평소 사업장의 제반여건상 귀하와 같은 경우 퇴직의사는 전달되었다고 볼 것입니다. 사직은 근로자의 일방적 의사표시에 의한 근로관계의 해지이며, 통상적으로 약정이 없는 근로관계에 있어서 근로자는 언제든지 사용자에게 사직의 통고를 할 수 있습니다. 사용자가 이에 동의하면 양당사자 간의 근로관계는 합의해지에 의하여 종료하게 되지만, 사용자가 근로자 수급 등의 어려움을 이유로 퇴직에 동의하지 않으면 근로관계 해지의 의사표시는 사용자가 해지의 통고를 받은 날로부터 1월이 경과하거나, 임금을 일정한 기간(주급 또는 월급)으로 정한 경우에는 당기의 다음 기간이 경과한 때에서야 해지 의사표시의 효력이 발생하여 근로관계가 종료됩니다. 그러므로 귀하가 퇴직의 의사표시를 하였지만, 회사가 귀하의 퇴직의 의사표시에 대해 동의하지 않았다면 귀하의 퇴직의사표시의 효력은 퇴직의사를 표시한 당기의 다음 달 말일에서야 발생하는 것이므로 그 기간 동안은 성실하게 근무하여야 합니다. 따라서 귀하의 경우 근로계약 기간의 약정이 있음에도 귀하의 과실로 부득이한 사유가 발생하여 퇴직하게 된 경우라면 사용자인 회사에게 손해배상 책임을 부담할 수도 있습니다. 그러나 회사는 귀하가 근무한 기간에 대한 임금은 지급하여야 합니다.

〔3〕 회사에서 일방적으로 해고통지를 하면 근로자는 해고예고수당을 받을 수 있나요?

문 저는 며칠 전 회사 대표로부터 아무런 이유 없이 회사 경영이 어렵다며 일방적인 해고통지를 받았습니다. 주위에서는 사업주가 근로자를 해고하더라도 일정한 절차에 의하여야 하고 근로자는 해고예고수당을 받을 수 있다고 하는데, 수당은 얼마이고 사실인가요?

답 「근로기준법」은 사용자가 근로자를 해고하고자 할 때에는 적어도 30일 전에 그 예고를 하거나 또는 30일분 이상의 통상임금을 지급하여야 한다고 규정하고 있습니다. 그리고 해고의 예고에 있어서는 반드시 해고될 날을 명시하여야 합니다. 불확정한 기한이나 조건을 붙인 예고는 예고로서 효력이 없습니다. 그리고 예고기간 중에는 정상적인 근로관계가 존속하는 경우와 같이 근로자는 임금 또는 근로를 청구할 수 있음은 물론이나, 근로자가 새로운 직장을 구하기 위하여

부득이 결근한 경우라도 사용자는 이에 대한 임금을 지급해야 합니다. 해고의 예고는 적어도 30일 전에 하여야 하며, 사용자가 30일 전에 해고예고를 하지 않는 경우에는 이에 대신하여 30일분 이상의 통상임금을 해고예고수당으로 지급하여야 합니다. 그러나 해고의 예고제도는「근로기준법」규정에 의하여 정당한 이유가 있어 해고하고자 할 때에만 적용되는 것이지 정당한 이유 없이 해고의 예고를 하거나 해고수당을 지급하기만 하면 해고할 수 있다는 취지의 규정은 아닙니다. 따라서 정당한 이유 없이 근로자를 해고할 수 없습니다.

[4] 퇴직금지급규정이 없다면 근로자에게 퇴직금을 지급하지 않아도 되나요?

🈲 저는 상시 근로자수 7인인 甲 회사에서 5년간 근무하다가 2개월 전 퇴직하였으나, 甲 회사는 퇴직금지급규정이 없다는 이유로 퇴직금을 지급하지 않고 있습니다. 저는 퇴직금을 받을 수 없나요?

🈯 퇴직금은 근로자가 1년 이상의 기간 계속 근로를 제공하고 퇴직할 경우에 사용자가 근로자의 근로 제공에 대한 임금 일부를 지급하지 아니하고 축적하였다가 이를 기본적 재원으로 하여 근로자가 퇴직할 때 이를 일시금으로 지급하는 것으로서 퇴직금은 본질적으로는 후불적 임금입니다.「근로기준법」은 퇴직금제도에 관하여「근로자퇴직

급여보장법」이 정하는 바에 따르도록 규정하고 있으며, 사용자는 「근로자퇴직급여보장법」에서 정하고 있는 퇴직급여제도 중 하나 이상의 제도를 설정하여야 하며, 퇴직급여제도는 퇴직금제도 및 퇴직연금제도로 나뉘어 있습니다. 귀하의 경우 회사의 취업규칙이나 근로계약서상 퇴직금 지급규정이 없다고 하더라도 상시 근로자수가 5인 이상인 사업장이므로 사용자는 귀하에게 퇴직금을 지급하여야 합니다. 다만, 퇴직금은 계속근로기간이 1년 미만인 근로자, 4주간을 평균하여 1주간의 소정근로시간이 15시간 미만인 근로자에 대하여는 지급하지 않아도 됩니다.

[5] 근로 중 휴식시간이나 대기시간은 근로시간에 해당하나요?

🈵 근로계약에서 정한 휴식시간이나 대기시간이 근로시간에 속하는지 휴게시간에 속하는지 판단하는 기준은 무엇인가요?

🈳 근로시간이란 근로자가 사용자의 지휘·감독을 받으면서 근로계약에 따른 근로를 제공하는 시간을 말하고, 휴게시간이란 근로시간 도중에 사용자의 지휘·감독으로부터 해방되어 근로자가 자유로이 이용할 수 있는 시간을 말합니다. 따라서 근로자가 작업시간 도중에 실제로 작업에 종사하지 않는 휴식시간이나 대기시간이라 하더라도 근로자의 자유로운 이용이 보장되지 않고 실질적으로 사용자의 지휘·

감독을 받는 시간은 근로시간에 포함된다고 보아야 합니다. 근로계약에서 정한 휴식시간이나 대기시간이 근로시간에 속하는지 휴게시간에 속하는지는 특정 업종이나 업무의 종류에 따라 일률적으로 판단할 것이 아닙니다. 이는 근로계약의 내용이나 해당 사업장에 적용되는 취업규칙과 단체협약의 규정, 근로자가 제공하는 업무내용과 해당 사업장의 구체적 업무방식, 휴게 중인 근로자에 대한 사용자의 간섭이나 감독 여부, 자유롭게 이용할 수 있는 휴게 장소의 구비 여부, 그 밖에 근로자의 실질적 휴식이 방해되었다거나 사용자의 지휘·감독을 인정할 만한 사정이 있는지와 그 정도 등 여러 사정을 종합하여 개별 사안에 따라 구체적으로 판단하여야 합니다. 참고로 시내버스 운전기사가 버스운행을 마친 후 다음 운행 전까지 대기하는 시간 동안에 대하여 버스회사가 대기시간 중에 기사 등에게 업무에 관한 지시를 하지 않고, 운전기사들의 대기시간 활용에 대하여 간섭하거나 감독할 업무상 필요성도 크지 않으며, 실제로 운전기사들은 휴게실에서 휴식을 취하거나 식사를 하는 등 대기시간 대부분을 자유롭게 활용한 사건에 대하여 위 대기시간은 근로시간에 해당하지 않는다는 판례가 있으니 업무에 참고하시기 바랍니다.

[6] 근로자가 작성한 퇴직금을 포기한다는 각서는 효력이 없나요?

🔲 저는 별다른 기술도 없고 나이가 들어 취업하고자 해도 마땅히

취업할 곳이 없어 모 회사에 퇴직 시 퇴직금을 포기하는 각서를 미리 작성하고 취업하고자 하는데 법률적으로 어떤 효력이 있나요?

답 퇴직금은 사용자가 일정기간을 계속근로하고 퇴직하는 근로자에게 계속근로에 대한 대가로 지급하는 후불적 임금의 성질을 가진 돈입니다. 즉, 퇴직금청구권은 근로관계가 끝나는 퇴직이라는 사실을 요건으로 발생합니다. 그러므로 퇴직 시 발생하는 퇴직금청구권을 미리 포기하는 것은 「근로기준법」 및 「근로자퇴직급여보장법」에 위반되어 무효입니다. 그러므로 위 사안에서 회사는 근로자가 퇴직 시 퇴직금을 지급하여야 합니다. 그런데 근로자가 퇴직하고 더 이상 근로계약관계에 있지 않은 상태에서 퇴직 시 발생한 퇴직금청구권을 포기하는 것은 허용됩니다. 예를 들어 근로자가 모 회사에서 5년간 근무하다가 퇴직 후 약 8개월에 걸쳐 밀린 월급과 퇴직금 등 명목으로 2,500만 원을 지급받으면서 '근로자 본인은 모 회사에 밀린 급료(퇴직금 포함)를 모두 정리하였고 더 이상의 추가 금액을 요구하지 않을 것을 확인합니다'라는 각서를 작성했다면, 이는 퇴직으로 발생한 퇴직금청구권을 사후에 포기한 것이므로 회사는 근로자에게 퇴직금을 지급할 의무가 없습니다. 결론적으로 퇴직금청구권을 미리 포기하기로 하는 약정은 무효이며, 근로자가 퇴직하여 더 이상 근로관계에 있지 않은 상황에서 퇴직금청구권을 포기하기로 하는 약정은 유효합니다.

08
임대차

[1] 세입자가 보일러를 교체한 경우 그 비용은 주인이 부담해야 하나요?

📋 저는 甲에게 제 소유 상가건물을 보증금 5,000만 원에 임대하였는데, 甲은 위 건물에서 분식집 영업을 하던 중 자신의 편리를 위하여 기름보일러를 도시가스보일러로 교체하면서 500만 원의 비용을 지출하였습니다. 그 후 저는 甲과의 임대차기간이 만료되어 명도를 요구하자 甲은 도시가스보일러 교체비용을 받아야만 임차부분을 비워주겠다고 합니다. 이 경우 저는 甲에게 위 교체비용을 지급하여야 건물을 명도받을 수 있나요?

📋 민법은 "임차인이 임차물의 보존에 관한 필요비를 지출한 때에

는 임대인에 대하여 그 상환을 청구할 수 있다. 임차인이 유익비를 지출한 경우에는 임대인은 임대차 종료시에 그 가액의 증가가 현존한 때에 한하여 임차인이 지출한 금액이나 그 증가액을 상환하여야 한다"라고 규정하고 있습니다. 여기서 '유익비'란 임차인이 임차물의 객관적 가치를 증가시키기 위하여 투입한 비용이고, '필요비'란 임차인이 임차물의 보존을 위하여 지출한 비용을 말합니다.

귀하의 경우 甲이 지출한 도시가스보일러 교체비용은 건물의 객관적 가치를 증가시키기 위해 투입된 유익비라고 할 것이므로 甲이 유익비를 지출함으로 인하여 증가한 건물의 가치증가분이 포함되어 있다고 볼 수 있어 귀하는 甲의 유익비 지출로 인한 이득을 얻었다고 할 것입니다. 그러므로 귀하는 도시가스보일러 교체비용을 甲이 부담하기로 하는 특별한 약정을 하지 않은 이상 甲이 지출한 유익비 상당액 또는 그로 인하여 증가한 가치의 증가액 중에서 선택하여 상환하여야 합니다. 법원의 판례도 "매매목적부동산을 사용하여온 임차인이 부동산 매매계약체결 이전에 그 부동산의 임차부분을 수선하여 발생한 유익비는 그로 인한 가치증가가 매매대금결정에 반영되었다 할 것이므로 특별한 사정이 없는 한 매도인이 이를 부담할 성질의 것"이라고 하였습니다(대법원 1990. 2. 23. 선고 88다카32425 판결).

〔 2 〕 상가번영회가 상가의 업종을 제한할 수 있나요?

🔳 저는 아파트 단지 내 甲 소유 제과점 상가를 미용실로 운영하기 위해 상가 주인과 임차계약을 체결하려고 했으나, 상가번영회에서 '분양당시 정해진 업종을 운영하고 그 용도를 임의로 변경할 수 없으며, 업종을 변경하고자 할 경우에는 선점한 동일업종운영자의 동의를 얻어야 하고 이미 乙이라는 사람이 미용실을 운영하고 있으므로 제가 미용실을 운영한다면 乙의 동의를 받아야 한다'고까지 합니다. 저는 위 상가에서 미용실을 운영할 수 없나요?

🔳「집합건물의 소유 및 관리에 관한 법률」에서 건물에 대하여 구분소유관계가 성립되면 구분소유자 전원을 구성원으로 하여 건물과 그 대지 및 부속시설의 관리에 관한 사업의 시행을 목적으로 하는 관리단이 설립된다고 규정하고, 건물과 대지 또는 부속시설의 관리 또는 사용에 관한 구분소유자들 사이의 사항 중「집합건물의 소유 및 관리에 관한 법률」에서 규정하지 아니한 사항은 규약으로써 정할 수 있고, 규약의 설정·변경 및 폐지는 관리단집회에서 구분소유자의 4분의 3 이상의 찬성을 얻도록 규정하고 있습니다. 그리고 구분소유자와 구분소유자가 아닌 자로 구성된 단체 또는 상가번영회가 비록 그 구성원에 구분소유자 아닌 세입자가 포함되어 있더라도 경우에 따라서는 구분소유자만으로 구성되는 관리단으로서의 성격을 겸유할 수도 있고, 그 상가관리규약은 관리단규약으로서의 효력을 갖게 됩니다.

따라서 귀하는 상호간의 업종제한에 관한 약정을 준수할 의무가 있다고 보아야 하고, 점포수분양자지위를 양수한 자, 임차인 등이 분양계약 등에 정하여진 업종제한약정을 위반할 경우, 이로 인하여 영업상 이익을 침해당할 처지에 있는 자는 침해배제를 위하여 동종업종의 영업금지를 청구할 권리가 있으므로 甲과의 임대차계약을 체결함에 있어서는 매우 신중을 기하셔야 합니다.

〔3〕 세입자가 집주인의 전세보증금 인상요구를 거부할 경우 임대차 계약 갱신거절의사 통지로 봐야 하나요?

🈷 저는 김포 한강신도시 아파트를 2015년 9월 23일 집주인 甲과 임대차 기간을 2년으로 약정하는 임대차계약을 체결하였고 올해 2년 계약기간이 만료되었는데, 집주인은 저에게 보증금을 5% 인상해달라고 하였습니다. 이에 저는 보증금 인상은 불가능하고 거주는 2년 연장해달라고 요청하였습니다. 만약 제가 집주인의 요구대로 보증금 5% 인상을 거부하면 임대차계약을 연장하지 않겠다는 의미로 해석해야 하는지요?

🈵 집주인이 귀하에게 임대보증금 인상 요구를 하면서 귀하가 보증금인상에 대하여 반대할 경우 계약을 연장하지 않겠다는 의사표시를 하였는데, 귀하가 임대보증금인상에 대하여 불응할 경우 집주인이

보증금을 인상할 수 없다면 집주인의 귀하에 대한 임대보증금 인상통지는 귀하가 동의하지 않는 한 효력이 없게 되므로 이는 집주인에게는 매우 불리한 약정이 됩니다. 대법원은 귀하와 유사한 사례에서 "통지의 내용 및 집주인이 그와 같은 통지를 하게 된 동기와 경위, 통지에 의하여 달성하려는 목적 등을 고려할 때, 위 통지는 기존의 임대차계약 기간 중의 계약해지를 의미하는 외에 장차 기존의 임대차계약상의 임대차보증금과 차임을 인상하는 것으로 그 계약조건을 변경하지 않으면 계약을 갱신하지 않겠다는 의사표시까지 포함된 것으로 해석하여야 할 것이다"라고 판시하였습니다. 또한 대법원은 "「주택임대차보호법」에서 '약정한 차임 또는 보증금이 임차주택에 관한 조세·공과금 기타 부담의 증감이나 경제사정의 변동으로 인하여 상당하지 아니하게 된 때에는 당사자는 장래에 대하여 그 증감을 청구할 수 있다. 그러나 증액의 경우에는 대통령령이 정하는 기준에 따른 비율을 초과하지 못한다'고 정하고 있기는 하나, 위 규정은 임대차계약의 존속 중 당사자 일방이 약정한 차임 등의 증감을 청구한 때에 한하여 적용되고, 임대차계약이 종료된 후 재계약을 하거나 또는 임대차계약 종료 전이라도 당사자의 합의로 차임 등이 증액된 경우에는 적용되지 않는다고 할 것이므로 통지 당시 그 임대차보증금 및 차임 인상분의 적정 여부는 원고의 이 사건 임대차계약 갱신거절의 의사표시 효력과는 아무런 관계가 없다 할 것이다"고 판단하였습니다. 따라서 집주인이 귀하에게 임대차보호법상의 보증금증액 범위 내에서 보증금의 증액을 요구하였는데 귀하는 이를 거절한 이상 집주인은 귀하가 임대차계약을 연장하지 않겠다는 의미로 해석하는 것이 마땅합니다.

[4] 점포가 달린 주택도 「주택임대차보호법」의 보호를 받나요?

📋 저는 전세보증금 5,300만 원에 점포가 달린 주택을 임차하여 입주와 동시에 전입신고를 마치고, 가족과 함께 살면서 장사를 하고 있는데, 집주인이 사업을 하다가 부도를 맞으면서 점포가 경매에 넘어갈 처지에 놓였습니다. 저는 「주택임대차보호법」의 보호를 받을 수 있나요?

📋 「주택임대차보호법」은 주거용 건물의 전부 또는 일부의 임대차에 관하여 적용하고 임차주택의 일부가 주거 외의 목적으로 사용되는 경우에도 마찬가지입니다. 우리 법원의 판례는 "「주택임대차보호법」상 주거용 건물에 해당하는지 여부는 임대차목적물의 공부상의 표시만을 기준으로 할 것이 아니라 그 실지용도에 따라서 정하여야 하고, 건물의 일부가 임대차의 목적이 되어 주거용과 비주거용으로 겸용되는 경우에는 구체적인 경우에 따라 그 임대차의 목적, 전체건물과 임대차목적물의 구조와 형태 및 임차인의 임대차목적물 이용관계 그리고 임차인이 그곳에서 일상생활을 영위하는지 여부 등을 아울러 합목적적으로 결정하여야 한다"라고 하였습니다. 그리고 주거용 건물

과 비주거용 건물의 구분은 일반적으로 사실상의 용도를 기준으로 하고 있으므로, 공부(건축물관리대장)상 용도란에 주거용으로 기재되어 있지 않더라도 「주택임대차보호법」의 적용을 받게 된다고 보고 있습니다. 또한 "1층이 공부상으로는 소매점으로 표시되어 있으나 실제로 그 면적의 절반은 방 2칸으로, 나머지 절반은 소매점 등 영업을 하기 위한 홀로 이루어져 있고, 임차인이 이를 임차하여 가족들과 함께 거주하면서 음식점 영업을 하며 방부분은 영업 시에는 손님을 받는 곳으로 사용하고, 그때 외에는 주거용으로 사용하여 왔다면, 위 건물은 「주택임대차보호법」의 보호대상인 주거용 건물에 해당한다"라는 판례도 있습니다. 따라서 귀하의 경우에는 사안의 내용으로 보아 주택에 달린 가게에서 소규모 영업을 하는 것으로 보여지고, 그곳이 귀하의 유일한 주거공간이라면 「주택임대차보호법」의 보호를 받을 수 있습니다.

[5] 임차주택의 양수인은 임대인의 지위를 승계하나요?

🔲 저는 甲 소유의 아파트를 전세로 계약해 살고 있는 동안 아파트 주인이 乙로 바뀌었는데, 저는 乙과의 새로운 계약을 거절하였습니다. 그런데 계약 기간이 만료되기 전에 사정이 생겨 이사를 가야 할 처지인데 이때 甲과 합의하여 임대차계약을 해지하고 임대보증금은 아파트 양수인 乙에게 요구할 수 있나요?

답 귀하는 임차주택의 양수인인 乙에게 임대보증금의 반환을 요구할 수 있는 임차인인데 귀하가 스스로 乙의 임대차관계의 승계를 원하지 않는 경우입니다. 「주택임대차보호법」은 '대항력을 갖춘 임차인이 있는 경우 임차주택의 양수인은 임대인의 지위를 승계한 것으로 본다'고 규정하고 있습니다. 즉, 임차주택의 양수인은 임대차보증금 반환채무를 인수하고, 양도인은 임대차관계에서 벗어나 임차인에 대한 임대차보증금반환채무를 면하게 됩니다. 그러나 임차주택의 양수인에게 대항할 수 있는 임차권자라도 스스로 임대차관계의 승계를 원하지 아니할 때에는 양수인은 승계되는 임대차관계에서 벗어날 수 있습니다. 그러므로 귀하가 임대차기간의 만료 전에 당초 임대인 甲과 합의에 의하여 임대차계약을 해지할 경우에는 甲에게 임대보증금의 반환을 요구할 수 있으나, 양수인 乙은 임대인 甲의 지위를 승계하지 아니하였으므로 귀하에게 임대보증금을 반환할 의무가 없습니다.

09
유언과 상속

[1] 치매 걸린 어머니를 부양한 자녀는 다른 자녀보다 상속을 더 받을 수 있나요?

🔵 저는 치매에 걸린 어머니를 오랫동안 힘들게 부양했는데 어머니가 사망하면 상속액에 차이가 있나요?

🔵 결론부터 말씀드리면, 귀하는 기여분에 해당되어 더 많은 상속액을 받을 수 있습니다. 기여분은 공동상속인 중 사망한 자의 재산의 유지 또는 증가에 특별히 기여하였거나 사망한 자를 특별히 부양한 경우, 상속분의 산정에 이를 고려하는 제도입니다. 예를 들어 기여분을 받을 수 있는 경우는 ① 아버지의 과수원에서 무급으로 종사한 경우, ② 아버지가 부도위기에 빠졌는데, 자금을 제공하여 무사히 넘긴

경우, ③ 질병에 걸린 어머니를 간호한 경우, ④ 공동상속인 모두 부양 능력이 있는데, 한 사람만이 모든 부양료를 지출한 경우입니다. 기여의 정도는 통상의 기여가 아니라 특별한 기여여야 합니다. 즉, 본래의 상속분에 따라 분할하는 것이 기여자에게 불공평한 것으로 명백히 인식되는 경우입니다. 기여분이 인정되는 경우, 사망한 자가 상속개시 (사망) 당시에 가지고 있던 재산가액에서 기여상속인의 기여분을 공제한 것을 상속재산으로 보고 상속분을 산정한 뒤, 이 상속분에 기여분을 보탠 액을 기여상속인의 상속분으로 하게 됩니다. 기여분의 액수에 관하여 잘 협의가 되지 않을 경우에는 가정법원에 기여분 액수의 인정에 관한 재판을 청구할 수 있습니다.

〔2〕 사실혼관계 중 남편이 사망하면 상속인을 상대로 재산분할을 청구할 수 있나요?

🔖 저는 자식이 있고 이혼한 남자 甲과 혼인신고는 하지 않은 채 8년간 사실혼관계를 유지하며 살았으나 甲과의 사이에 자식은 없습니다. 남편 甲과 사는 동안 서로 맞벌이부부로 생활하면서 작은 단독주택을 마련하였으며 등기는 남편 甲의 명의로 되어 있는데 甲은 얼마 전 갑자기 교통사고로 사망하였습니다. 그러나 전처소생의 자식인 乙이 나타나 자신이 甲의 유일한 상속인이라며 주택의 권리를 주장하고 있습니다. 저는 甲과 함께 사는 동안 모은 주택에 대하여 재산

분할을 청구할 수는 없나요?

📋 법률상 배우자는 이혼 시 재산분할을 청구할 수 있고, 배우자가 사망하면 상대방 배우자에 대하여 상속이 개시되므로 재산분할청구권 또는 상속권이 보호됩니다. 그러나 사실혼관계에 대해서는 동거, 부양, 협조, 정조의 의무 등 법률상 부부에 준하는 일정한 효력만 인정됩니다. 따라서 법률상 부부가 아닌 사실혼관계에 대해서는 사실혼관계가 어느 한쪽의 귀책사유로 파탄된 경우에는 재산분할을 청구할 수 있지만, 사실혼 배우자 한쪽이 사망한 경우에는 상대방에게 상속권이 인정되지 않습니다. 판례는 "법률상 혼인관계가 일방 당사자의 사망으로 인하여 종료된 경우에도 생존 배우자에게 재산분할청구권이 인정되지 아니하고 단지 상속에 관한 법률 규정에 따라서 망인의 재산에 대한 상속권만이 인정된다는 점 등에 비추어 보면, 사실혼관계가 일방 당사자의 사망으로 인하여 종료된 경우에는 그 상대방에게 재산분할청구권이 인정된다고 할 수 없다"라고 하였습니다. 그러므로 귀하의 경우는 사망한 상대방의 자녀인 乙에 대하여 재산분할을 청구할 수 없습니다.

〔3〕 아버지가 생전에 '전 재산은 요양원에 준다'는 유언장을 작성해두고 사망했다면 자식들은 아버지의 재산을 상속받을 수 없나요?

🔲 제 아버지는 작은 가내 사업을 하면서 번 돈으로 김포시 일대에 20억 원 상당한 토지를 사두었는데 얼마 전 갑자기 사망하였습니다. 그런데 유품을 정리하다 보니 족보 속에서 '나의 전 재산은 甲요양원에 준다'는 유서가 발견되었습니다. 아버지의 상속인으로는 저와 동생이 있는데 저와 제 동생은 아버지의 재산을 한 푼도 상속받을 수 없나요?

🔲 귀하의 아버지는 원칙적으로 본인의 재산을 귀하와 귀하의 동생 의사와 관계없이 자유롭게 처분할 수 있습니다. 귀하의 아버지가 재산을 생전에 누구에게 무상으로 주는 것은 증여이고, 생전에 재산을 누구에게 주겠다고 문서로서 확인해 두는 것은 유증이며, 아버지의 재산을 법적지분에 따라 자녀들이 나눠 받는 것은 상속입니다. 그러나 유증이 있더라도 유족들을 위해 일부분은 남겨 두어야 하는 유류분(遺留分)이라는 제도가 있습니다. 따라서 유족들은 법률이 정한 범위 안에서 일정액의 상속분을 받을 수 있습니다. 유류분 권리자는 상속권자이고 상속권자의 유류분의 범위는 직계비속 및 배우자의 경우는 자기의 법정상속분의 2분의 1, 직계존속과 형제 · 자매의 경우는 자기의 법정상속분의 3분의 1입니다. 자기의 상속분을 침해당한 경우에는 유류분반환청구 소송을 제기할 수 있는데 반환청구는 증여 또

유증을 한 사실을 안 날로부터 1년 이내에, 상속이 개시된 날로부터 10년 이내에 행사하여야 합니다. 귀하의 아버지가 20억 원의 재산이 있는데 이를 유증하였고 상속인은 직계비속 2명이므로 20억 원의 각 상속분 10억 원의 2분이 1인 각 5억 원씩이 귀하와 귀하의 동생 유류분입니다. 따라서 귀하와 귀하의 동생은 甲요양원에 각 5억 원씩 유류분의 지급을 구할 수 있고 甲요양원은 귀하와 귀하의 동생에게 각 5억 원씩을 지급할 의무가 있습니다.

10
강제집행

[1] 채무자가 빚을 갚지 않으려고 재산을 빼돌리면 어떻게 해야 하나요?

문 저는 1년 전 고향 선배 박 씨로부터 자기가 하는 사업이 고소득 사업이니 자금을 투자하라는 얘기를 듣고 박 씨에게 2억 원을 빌려주었습니다. 그리고 빌려준 원금은 2년 뒤에 돌려받기로 했습니다. 그런데 박 씨는 원금을 갚아야 할 날짜가 되었는데도 연락이 없어 저는 박 씨의 재산을 확인해본 결과 박 씨의 재산은 살고 있는 주택뿐인데 박 씨가 이 주택을 얼마 전 자기 동서에게 이전해 놓은 상태였습니다. 이럴 때 저는 어떻게 해야 하는지요?

답 박 씨가 원금을 갚을 날짜가 다 되어 자기 집을 동서 앞으로 돌려놓은 경우는 재산을 빼돌린 것으로 보입니다. 귀하는 박 씨에 대해서 강제집행면탈죄로 고소를 하면 수사기관에서 돈을 빌려 간 경위와 재산을 동서 앞으로 이전한 경위를 조사하여 재산을 빼돌릴 목적으로 주택을 동서 앞으로 이전하였다면 박 씨는 형사처벌을 받게 됩니다. 그리고 귀하는 채권자로서 그 집의 명의자로 되어 있는 박 씨의 동서를 상대로 주택 소유자의 명의를 박 씨 앞으로 되돌려 놓으라는 내용의 소송(사해행위취소소송)을 제기하여 동서 앞으로 돌려놓은 집을 다시 박 씨 앞으로 되돌릴 수 있고 판결에 의하여 박 씨의 주택을 경매하여 빌려준 돈을 회수할 수 있습니다.

〔2〕 경매로 부동산이 넘어가면 양도소득세는 납부하지 않아도 되나요?

🔲 저는 친구가 사업상 자금이 필요하다고 해 제 소유의 부동산을 담보로 은행에서 대출을 받아 친구에게 빌려주었습니다. 그런데 친구가 은행대출을 갚지 않아 부동산이 경매에 넘어가게 되었고 저는 경매대금에서 한 푼도 배당받지 못했는데 저에게 양도소득세가 부과되나요?

🔳 양도소득세의 과세대상이 되는 '자산양도'란 자산에 대한 등기 또는 등록에 관계 없이 매도, 교환, 법인에 대한 현물출자 등으로 인하여 그 자산이 유상으로 사실상 이전되는 것을 말합니다(「소득세법」 제

88조 제1항). 부동산 경매 시 부과되는 양도소득세에 관하여 판례를 보면 "근저당실행을 위한 임의경매에 있어서 경락인은 담보권의 내용을 실현하는 환가행위로 인하여 목적부동산의 소유권을 승계취득하는 것이므로, 비록 임의경매의 기초가 된 근저당설정등기가 제3자의 채무에 대한 물상보증으로 이루어졌다 하더라도 경매목적물의 양도인은 물상보증인이고 경락대금도 경매목적물의 소유자인 물상보증인의 양도소득으로 귀속되는 것이고, 물상보증인의 채무자에 대한 구상권은 납부된 경락대금이 채무자가 부담하고 있는 피담보채무의 변제에 충당됨에 따라 그 대위변제의 효과로서 발생하는 것이지 경매의 대가적 성질에 따른 것은 아니기 때문에 채무자의 무자력으로 인하여 구상권의 행사가 사실상 불가능하게 되었다고 하더라도 그러한 사정은 양도소득을 가리는 데는 아무런 영향이 없다"라고 하였습니다(대법원 2000. 7. 6. 선고 2000두1508 판결).

그리고 담보권실행을 위한 경매에 있어서 매수인이 매각대금을 완납한 때에 원래의 소유자는 그 소유권을 잃고 매수인이 소유권을 취득하는 것이므로, 담보권실행경매절차를 통하여 매각된 토지의 「소득세법」상 양도시기는 매각대금 완납일이 됩니다. 따라서 귀하의 위 부동산이 경매절차에서 매각으로 인하여 소유권이 이전되었고, 귀하에게 돌아갈 매각대금잔액이 전혀 없다거나, 친구의 무자력으로 귀하의 구상권행사가 불가능하다고 해도 그러한 사유만으로는 양도소득세가 비과세되는 것은 아니므로 양도소득세를 납부해야 합니다.

〔 3 〕 채권자는 다른 채권자의 경매신청에 참가해 배당을 받을 수 있나요?

문 저는 甲에게 돈 500만 원을 빌려주었는데 甲이 차일피일 미루고 돈을 갚지 않아 甲을 상대로 재판을 받아 승소하였습니다. 甲에게는 재산이 있으나, 500만 원 때문에 경매 비용을 들여 甲의 부동산을 경매 신청하기가 난처하여 기다리던 중 마침 甲의 다른 채권자인 금융기관이 甲의 부동산을 경매신청하여 경매가 진행되고 있는 사실을 알게 되었습니다. 저는 금융기관의 그 경매절차에 참여하여 배당을 받을 수 있나요?

답 경매부동산에 배당요구를 하려면 집행권원(채무명의)이 있어야 배당에 참가할 수 있으며 집행권원이란 강제집행을 할 수 있는 권리를 인정해주는 공적문서로서 확정판결문, 지급명령, 공정증서, 화해조서, 조정조서 등을 말합니다. 그러므로 귀하는 이미 승소판결을 받았으므로 금융기관의 경매절차에 귀하도 참여하여 배당을 요구할 수 있습니다. 그러나 경매신청권자인 금융기관이 채권을 만족하고 남은 잉여금이 있어야 귀하가 배당을 받을 수 있습니다.

〔 4 〕 채무불이행자명부등재제도란 무엇인가요?

문 저는 평소 알고 지내던 甲에게 1억 원을 빌려주었지만 甲이 돈을 갚지 않아 甲을 상대로 대여금청구소송을 제기하여 승소판결을 받았습니다. 그러나 甲은 오래전 상당한 재산이 있었지만 현재는 별다른 재산이 있는지 여부를 알 수 없고 승소판결을 받은 지 4년이 지났습니다. 甲은 현재 자신의 가족 명의로 사업을 계속하면서도 자신은 재산이 없다고 합니다. 제가 甲을 제재할 수 있는 방법은 무엇이고 채무불이행자명부등재제도가 있다는데 채무불이행자명부등재제도란 무엇인가요?

답 채무자가 고의적으로 채무를 불이행하는 자를 제재하는 수단으로는「민사집행법」에 따른 채무불이행자명부등재제도가 있습니다. 절차는 채무자가 ① 금전의 지급을 명한 집행권원(판결 등)이 확정된 후 6월 이내에 채무를 이행하지 아니하는 때, ② 재산명시기일 불출석, 재산목록 제출거부, 선서거부, 거짓의 재산목록을 낸 때에는 채권자의 신청에 의하여 채무불이행자명부(債務不履行者名簿)에 등재하고 이를 일반에게 공개하여 간접적으로 채무이행을 강제함을 목적으로 하는 제도입니다. 채무불이행자명부등재신청은 채권자와 채무자를 표시하고 채무자가 이행하지 아니하는 금액을 기재하여 서면으로 채무자의 주소지 관할법원에 제출하여야 합니다. 채권자의 신청이 이유가 있는 경우에는 법원은 '채무자를 채무불이행자명부에 등재한다'는 결정을 하고 채무불이행자명부에는 채무자의 이름, 주소, 주민등록번호 등 불이행한 채무액을 표시하고, 그 등재사유와 날짜가 기재됨니다. 채무불이행자명부 비치는 관할법원에 비치하고 채무자의 주소지 구·읍·면의 장에게도 보냅니다. 그리고 금융기관의 장이나 금융기관 관련단체의 장에게 보내 채무자에 대한 신용정보로 활용하게 할 수 있습니다. 또한 채무불이행자명부나 그 부본은 누구든지 열람하거나 복사할 것을 신청할 수 있습니다. 채무불이행자명부에 올린 때에는 관할법원은 전국은행연합회의 장에게 채무불이행자명부의 부본을 보내거나 전자통신매체를 이용하여 그 내용을 통지합니다. 그러므로 채무불이행자명부등재절차는 채무자에게 간접적으로 이행을 강제하는 절차이며, 甲이 채무불이행자명부에 등재될 경우 신용에 지장이 있으므로 甲이 채무변제를 위해 노력하도록 하는 효과가 있습니다.

〔5〕 채무자가 빚이 있어 재산상속을 포기한다면 채권자가 할 수 있는 조치로는 어떤 것이 있나요?

🔲 저는 甲에게 3억 원의 채권을 가지고 있는데 甲에게는 별다른 재산이 없습니다. 그런데 얼마 전 甲의 아버지가 상당한 재산을 남겨두고 사망하였는데 甲은 자신의 형제들과 상속재산분할협의를 하면서 자기 상속 몫을 포기하여 아버지 유산은 공동상속인인 다른 형제자매들에게 모두 상속되었습니다. 저는 甲의 상속포기행위를 사해행위(채무자가 채권자에게 빚을 갚지 않기 위해 채무자가 상속을 포기)로서 취소할 수 있나요?

답 채무자가 채권자를 해치는 행위임을 알고 사해행위를 한 때에는 채권자는 그 취소 및 원상회복을 법원에 청구할 수 있습니다. 상속재산분할협의는 상속이 개시되어 공동상속인 사이에 잠정적 공유가 된 상속재산에 대하여 그 전부 또는 일부를 각 상속인의 단독소유로 하거나 새로운 공유관계를 형성시키는 것인데, 귀하는 위와 같은 甲의 행위에 대하여 乙이 포기한 상속지분을 甲 명의로 귀속시킬 수 있습니다. 즉 甲은 상속재산분할협의를 하면서 유일한 상속재산인 부동산에 관해서 자신의 상속분에 관한 권리를 포기함으로써 귀하의 채권에 대한 담보를 감소시킨 경우이므로 귀하는 법원에 사해행위취소 청구 소송을 통해 채권을 회수할 수 있습니다.

〔 6 〕 채권을 이중으로 양도하면 양수인 중 우선권자는 누구인가요?

문 저는 2017년 8월 5일 친구 甲에게 2,000만 원을 빌려주고 변제 약속날짜인 2017년 10월 5일 지급청구를 하자, 甲은 자신이 乙에 대하여 가지고 있는 채권 2,000만 원을 양도해주겠다고 하여 乙 명의로 된 차용증을 교부받았습니다. 저는 약 20여 일이 지난 후 乙을 찾아가 甲으로부터 채권을 양도받았으니 2,000만 원을 지급할 것을 요구하자, 乙은 甲으로부터 丙에게 채권을 양도했다는 통지를 2017년 10월 10일자 내용증명우편으로 받았다면서 저에게는 지급할 수 없다고 합니다. 저는 차용증서도 가지고 있으며 丙보다 먼저 채권양도를 받았는데, 이런 경우 채권은 저와 丙 중 누가 우선하게 되나요?

🄰 채권양도는 양도인과 양수인 사이의 계약으로 이루어지며, 민법은 양도인이 채무자에게 통지하거나, 채무자가 승낙하지 아니하면 채무자 기타 제3자에게 대항하지 못하고, 이러한 통지나 승낙은 확정일자 있는 증서에 의하지 아니하면 채무자 이외의 제3자에게 대항하지 못한다는 규정을 두고 있습니다. 이중의 채권양도가 있는 경우 확정일자 있는 증서에 의한 통지를 한 채권양수인만이 채권양수에 의한 적법한 채권자가 되며, 채무자는 그 채권자에게만 채무변제의무가 있습니다. 그러므로 귀하는 채권양도인 甲이 乙에 대해 가진 2,000만 원의 채권을 귀하에게 양도한 사실은 乙에게 통지하지 않았고, 丙에게 양도한 사실은 확정일자 있는 증서인 내용증명우편으로 통지한 것이므로, 실제로는 귀하가 丙보다 먼저 채권양도를 받았더라도 甲이 乙에 대하여 가지고 있던 채권은 丙에게 양도된 것이므로 丙에게 우선권이 있습니다. 따라서 귀하는 甲을 상대로 채권을 행사하여 빌려준 돈을 받아야 합니다.

제 2 장

형사 사례

〔1〕 남성용 자위기구를 성인용품판매점 내부 진열대에 전시하면 어 떻게 되나요?

[문] 저는 성인용품판매점을 운영하는 사람인데, 남성용 자위기구 인 일명 체이시라는 물건을 길거리나 밖에서 보이는 쇼윈도에 진열 한 것이 아니라 성인들을 대상으로 하는 성인용품점의 내부 진열대 위에 진열해 놓았더니 경찰이 저를 음란물건전시죄로 입건하였습니 다. 외국에서는 이런 물건을 버젓이 내놓고 파는데 제가 성인들만 볼 수 있도록 점포 안의 진열대에 은밀히 진열해 놓았는데, 요즘 세상에 도 이런 것이 형사처벌 대상이 되나요?

[답] 우리 사회는 성이 급속도로 개방되고, 일반인들의 성의식도 많

이 달라지고 있는데, 건전한 성도덕을 보호하기 위한 법이념과 성표현의 자유화, 성문제에 대한 비범죄화 경향과 관련하여 음란성의 개념과 처벌의 범위는 명확하게 해야 할 필요가 있습니다. 형법은 음란한 문서·도화·필름 기타 물건을 반포·판매, 기타 임대하거나 공연히 전시 또는 상영하지 못하도록 규정하고 있습니다. 음란물죄에 있어서 요구되는 음란성이란 보통인의 성적 수치심과 도의감을 현저히 침해하는 데 객관적으로 적합한 것을 말하며, 공연히 전시한다는 것은 불특정 또는 다수인이 관람할 수 있는 상태에 두는 것을 말합니다. 어떤 물건이 음란한 물건에 해당하는지 여부는 행위자의 주관적 의도나 반포, 전시 등이 행하여진 상황에 관계없이 그 물건 자체에 관하여 객관적으로 판단하여야 합니다(대법원 2003. 5. 16. 2003도988 판결).

귀하가 전시한 체이시와 같은 남성용 자위기구가 음란한 물건인가에 관하여 대법원은 "여성 성기를 지나치게 노골적으로 표현함으로써 사회통념상 그것을 보는 것 자체만으로도 성욕을 자극하거나 흥분시킬 수 있고 일반인의 정상적인 성적 수치심을 해치고 선량한 성적 도의관념에 반한다"며 음란한 물건에 해당한다고 하였습니다. 따라서 귀하는 음란물건전시죄로 형사처벌을 면하기 어렵다 할 것이나, 성문화와 일반인들의 성의식도 많이 달라지는 것으로 보아 위 대법원의 판례도 언젠가는 바뀌지 않을까 생각해봅니다.

〔 2 〕 "쥐도 새도 모르게 죽여 버린다, 밤길 조심해"라고 하면 협박죄에 해당하나요?

문 甲과 乙은 같은 종친회 종원인데, 중중 토지 문제로 사이가 좋지 않던 중 乙이 甲에게 "조상님한테 부끄러운 줄 알아라"라고 하자, 화가 난 甲은 乙에게 "쥐도 새도 모르게 죽여 버린다, 밤길 조심해"라고 하였다. 甲은 협박죄에 해당할까?

답 협박죄에 있어서의 '협박'이라 함은, 일반적으로 보아 사람으로 하여금 공포심을 일으킬 수 있는 정도의 해악을 고지하는 것을 의미하고 행위자가 그러한 정도의 해악을 고지한다는 것을 인식, 인용하는 것을 그 내용으로 하고 있습니다. 그리고 고지한 해악을 실제로 실현할 의도나 욕구는 필요로 하지 않습니다. 그러나 행위자의 언동이 단순히 감정적인 욕설 내지 일시적 분노의 표시에 불과하여 주위사정에 비추어 가해의 의사가 없음이 객관적으로 명백한 때에는 협박행위 내지 협박의 의사를 인정할 수 없다 할 것이며, 위와 같은 의미의 협박행위 내지 협박의사가 있었는지의 여부는 그러한 행위에 이르게 된 경위, 피해자와의 관계 등 주위상황을 종합적으로 고려하여 판단합니다.

甲이 乙에게 단순히 감정적인 욕설 내지 일시적 분노의 표시로 "쥐도 새도 모르게 죽여 버린다, 밤길 조심해"라고 했다면, 협박죄에 해당하지 않습니다. 그러나 협박죄에 해당하지 않는다 해도 상대방의 마음을 아프게 하는 일은 없어야겠습니다.

[3] 본인과 제3자간의 대화를 몰래 녹음한 경우에는 증거효력이 없나요?

📖 경찰이나 검찰도 아닌 사람이 본인과 제3자간에 나눈 대화를 제3자 몰래 녹음한 경우 그 녹음테이프가 형사사건에서 증거능력으로 인정될 수 있나요?

📋 우리나라 형사소송법은 피고인 또는 피고인이 아닌 자가 작성한 진술서나 그 진술을 기재한 서류로서 그 작성자 또는 진술자의 자필이거나 그 서명 또는 날인이 있는 것은 법정에서의 그 작성자 또는 진술자의 진술에 의하여 그 성립의 진정함이 증명된 때에는 증거로 할 수 있습니다. 단, 피고인의 진술을 기재한 서류는 법정에서 그 작성자의 진술에 의하여 그 성립의 진정함이 증명되고 그 진술이 특히 신빙할 수 있는 상태하에서 행하여진 때에 한하여 증거로 인정할 수 있습니다.

그런데 사인(私人)이 자기와 피고인 아닌 자와의 대화내용을 상대방 몰래 녹음한 경우 그 녹음테이프 또는 상대방 몰래 비디오로 촬영·녹음한 경우에도 첫째, 녹음테이프가 원본이거나 원본으로부터 복사한 사본일 경우에는 복사과정에서 편집되는 등의 인위적 개작 없이 원본의 내용 그대로 복사된 사본이거나, 둘째 법정에서 원진술자의 진술에 의하여 그 녹음테이프에 녹음된 각자의 진술내용이 자신이 진술한 대로 녹음된 것이라는 점이 인정되면, 사인이 피고인 아닌 사람과의 대화내용을 대화 상대방 몰래 녹음하였다고 하더라도 녹음테이프가 원본이거나 인위적 개작 없는 사본으로서 원진술자의 진술에 의하여 자신이 진술한 대로 녹음된 것이라는 점이 인정되면 증거능력이 있습니다.

[4] 차량운행 중 충돌느낌을 받고도 확인하지 않았다면 뺑소니인가요?

❓ 저는 비가 내리는 야간에 승용차를 운전하던 중 조수석 백미러에 무엇인가 부딪히는 듯한 느낌을 받았지만 별일이 아니겠지 생각하고 천천히 운전을 하면서 백미러로 확인하였지만 아무런 이상이 없는 듯하여 그냥 사고현장을 떠났습니다. 그리고 집에 도착해 차량을 확인해 보니 백미러에 흠집이 생겼지만 별 것 아닐 것이라 생각하였습니다. 그런데 다음날 뿌이라는 사람이 찾아와 제가 운전하는 차량의 백미러에 충격되어 전치 3주의 상해를 입었고 제가 뺑소니 운전을 했다고 합의금을 과하게 요구합니다. 이 경우에도 제가 뺑소니 운전에 해당하나요?

💬 도주 운전과 관련하여 「도로교통법」 판례는 '피해자를 구호하는 등 「도로교통법」 규정에 의한 조치를 취하지 아니하고 도주한 때'라 함은 "사고운전자가 사고로 인하여 피해자가 사상을 당한 사실을 인

식하였음에도 불구하고 피해자를 구호하는 등「도로교통법」에 규정된 의무를 이행하기 이전에 사고현장을 이탈하여 사고를 낸 자가 누구인지 확정될 수 없는 상태를 초래하는 경우를 말하고, 여기에서 말하는 사고로 인하여 피해자가 사상을 당한 사실에 대한 인식의 정도는 반드시 확정적임을 요하지 아니하고 미필적으로라도 인식하면 족한 바, 사고운전자가 사고 직후 차에서 내려 직접 확인하였더라면 쉽게 사고사실을 확인할 수 있었는데도 그러한 조치를 취하지 아니한 채 별일 아닌 것으로 알고 그대로 사고현장을 이탈하였다면 사고운전자에게는 미필적으로라도 사고의 발생사실을 알고 도주할 의사가 있었다고 볼 것이다"라고 하였습니다. 따라서 귀하가 무엇인가 차량의 백미러에 충격되는 느낌을 받았다면 정차 후 하차하여 사고피해자가 있는지를 확인하여야 하였음에도 그대로 현장을 떠난 경우이므로 미필적으로라도 사고의 발생사실을 알고 도주할 의사가 있었다고 볼 수 있어 도주운전죄에 해당될 것입니다.

〖5〗 여성의 신체촬영은 부분촬영과 전신촬영에 따라 유죄와 무죄로 나뉘나요?

📋 노출이 심한 여성의 몸을 몰래 부분촬영을 한 경우와 전신촬영을 한 경우 어떤 차이가 있나요?

답 서울 북부지방법원은 휴대전화로 여성들의 전신과 특정부위를 찍은 혐의(「성폭력범죄의 처벌 등에 관한 특례법」 위반)로 기소된 이모 씨에게 징역 8월에 집행유예 2년을 선고했습니다. 이모 씨는 2015년 4월부터 5월 중순까지 지하철역 계단에서 미니스커트나 핫팬츠 등 짧은 옷차림을 한 여성들의 사진 58장을 찍었는데, 그중 다리만 찍은 사진이 42장, 전신을 찍은 사진이 16장이었습니다. 그런데 법원은 특정 부위인 다리를 찍은 혐의에 대해서는 유죄, 전신을 찍은 16장의 사진은 무죄라고 판결했습니다. 즉, 법원은 "타인의 신체에 대한 무단 촬영이라고 하더라도 성적 욕망 또는 수치심을 유발할 수 있는 신체에 해당하는 경우와 그렇지 않은 경우를 어떤 기준으로 나눌 것인지가 문제되는 경우 성적 욕망 또는 수치심을 유발하는 신체는 엄격히 제한해 해석해야 한다"며 "길거리에 짧은 치마 교복을 입고 모여 있는 4명의 여학생들 전신사진과 짧은 치마를 입고 걸어가는 여성들의 뒷모습 등을 찍은 사진 15장은 성적 욕망 또는 수치심을 유발할 수 있는 타인의 신체에 해당한다고 보기 어렵다"고 했습니다. 그러므로 단지 여성의 신체를 허락 없이 촬영하였다는 이유만으로는 성적 욕망 또는 수치심을 유발할 수 있는 것은 아니므로 전신촬영은 무죄이고, 미니스커트나 핫팬츠 등 짧은 옷차림을 한 여성들의 신체를 부분촬영하면 성적 욕망 또는 수치심을 유발할 수 있으므로 유죄인 것입니다.

[6] 법원으로부터 증인 소환장을 받았는데 출석하지 않아도 되나요?

🈚 저는 A와 B 모두를 잘 알고 있고 사업상 A를 B에게 소개해주 었는데, 그 후 두 사람 사이에 분쟁이 생겨 현재 재판이 진행 중에 있 습니다. 그리고 저는 법원으로부터 증인으로 출석하라는 증인 소환 장을 송달받았습니다. 저는 양쪽 모두에게 입장이 난처하기도 하고 증인으로 출석하고 싶지 않은데 증인 소환장을 송달받으면 꼭 증인 으로 출석해야 하나요?

🈳 법률상 모든 국민은 적정한 재판권의 실현을 위하여 재판에 협 조할 의무가 있으며, 민사소송법은 "법원은 특별한 규정이 없으면 누 구든지 증인으로 신문할 수 있다"라고 규정하고 있고 국가 주요기관 의 장, 변호사·공증인·의사 등의 직무에 관한 비밀사항 등과 같은 일 정한 경우가 아닌 한 모든 국민은 법원에 출석하여 선서한 후 증언할 의무가 있습니다. 증인이 정당한 사유 없이 출석하지 아니한 때에 법 원은 결정으로 증인에게 500만 원 이하의 과태료에 처할 수 있고 구인 (拘引)도 명할 수 있으니 귀하는 법원에 출석하여 사실대로 증언하는 것이 바람직하겠습니다.

〔7〕 남성이 병원 화장실에 숨어 여성이 하의를 벗는 모습을 훔쳐봐도 무죄인가요?

🈷 남성이 병원 화장실에 침입해 숨어 있다가 피해자가 하의를 벗는 모습을 훔쳐본다면 이는 유죄가요, 무죄인가요?

🈷 「성폭력범죄의 처벌 등에 관한 특례법」 제12조는 자기의 성적 욕망을 만족시킬 목적으로 '「공중화장실 등에 관한 법률」 제2조 제1호부터 제5호까지에 따른 공중화장실 등'에 침입한 행위를 처벌하도록 규정하고 있으므로, 「공중화장실 등에 관한 법률」 제2조 제1호부터 제5호에 해당하는 화장실이 아니라면, 설사 성적 욕망을 만족시킬 목적으로 여러 사람이 사용하는 화장실에 침입했다 하더라도 이를 성폭력범죄의 처벌 등에 관한 특례법 제12조에 근거하여 처벌할 수 없습니다.

「공중화장실 등에 관한 법률」 제2조에 따르면 '공중화장실 등'은 ① 공중화장실(제1호, 공중이 이용하도록 제공하기 위하여 국가, 지방자치단체, 법인 또는 개인이 설치하는 화장실), ② 개방화장실(제2호, 공공기관의 시설물에 설치된 화장실 중 공중이 이용하도록 개방된 화장실 또는 제9조 제2항에 따라 특별자치도지사·시장·군수·구청장이 지정한 화장실), ③ 이동화장실(제3호, 많은 사람이 모이는 행사 등에 일시적으로 이용하기 위하여 설치하는 화장실), ④ 간이화장실(제4호, 공중화장실을 설치하기 어려운 지역에 설치한 소규모의 화장실), ⑤ 유료화장실(제5호, 화장실의 설치·관리자가 이용자에게 이용료를 받을 수 있는 화장실)을 의미한다고 규정하고 있습니다. 그런데 병원 화장실은 위 1호 내지 5호 화장실에 해당하지 않습니다. 비록 병원 화장실은 일반인들이 자유롭게 이용할 수 있다고 하더라도, '공중화장실 등'에 해당하지 않으므로 「성폭력범죄의 처벌 등에 관한 특례법」으로 처벌할 수 없습니다. 그러나 비록 현행 법률상 형사적인 처벌은 받지 않는다 하더라도 위와 같은 행위를 저질러서는 안 됩니다.

[8] 교통사고와 관련한 형사합의금은 손해배상금에서 공제하나요?

📋 저는 횡단보도를 보행 중 甲이 운전하는 승용차에 치여 요추부 염좌 등으로 노동능력상실율 25%의 장해와 부상을 입었습니다. 甲은 저에게 형사합의를 간절히 요구하여 갑으로부터 800만 원을 받고 형사합의를 해주었습니다. 그런데 제가 甲이 가입한 보험회사에 손해배상을 청구할 경우 甲으로부터 수령한 형사합의금 800만 원을 공제한다는데 사실인지요?

📋 결론부터 말씀드리면 합의금이 위자료 명목으로 지급된 것으로 본다면 손익상계의 대상이 될 수는 없지만, "불법행위의 가해자에 대한 수사과정이나 형사재판과정에서 피해자가 가해자로부터 합의금 명목의 돈을 지급받고 가해자에 대한 처벌을 원치 않는다는 내용의

합의를 한 경우, 그 합의 당시 지급받은 돈은 특히 위자료 명목으로 지급받은 것임을 명시하였다는 등의 특별한 사정이 없는 한, 그 돈은 재산상 손해배상금의 일부로 지급되었다고 봄이 상당하다"라는 대법원의 판례(2000다46894 판결)에 따라 손해배상액에서 공제됩니다. 그러므로 형사합의를 하면서 '위로금조' 또는 '보험금과는 별도'라는 등의 표현으로 명시하면 위자료 산정의 참작사유가 될 뿐이고 재산상 손해에서는 공제하지 않지만, 합의시 위자료 또는 위로금 명목으로 지급하였다고 볼 사정이 있는 경우를 제외하고는 형사합의금도 손익상계의 대상이 됩니다.

〔9〕 인감증명서의 사용 용도란을 임의로 고치면 공문서변조인가요?

🈚 甲은 김포시 00동장이 乙에게 발행한 인감증명서의 사용 용도란에 기재된 내용을 임의로 지우고 다른 내용을 기재하여 공공기관에 제출하면, 甲은 공문서변조죄 및 변조공문서행사죄가 성립하나요?

🈜 공문서는 공무원 또는 공무소가 직무상 작성한 문서를 말하는데, 우리 형법은 '행사할 목적으로 공무원 또는 공무소의 문서 또는 도화를 변조한 자는 10년 이하의 징역에 처하도록 규정하고 있고 변조된 공문서를 행사한 자는 변조죄와 동일하게 10년 이하의 징역'에 처

하도록 규정하고 있습니다. 인감의 증명을 신청함에 있어서 그 용도가 부동산매도용일 경우에는 부동산매수자란에 매수자의 성명, 주소 및 주민등록번호를 기재하여 신청하여야 하지만 그 이외의 경우에는 신청 당시 사용 용도란을 기재하여야 하는 것은 아닙니다. 필요한 경우에 신청인이 직접 기재하여 사용하도록 되어 있으며 사용 용도에 따른 인감증명서의 유효기간에 관한 종전의 규정도 삭제되었습니다. 따라서 유효기간의 차이도 없고 인감증명서의 사용 용도란의 기재는 동장이 작성한 증명문구에 의하여 증명되는 부분과는 아무런 관계가 없으므로 형사상 공문서변조죄나 이를 전제로 하는 변조공문서행사죄가 성립되지는 않습니다. 그러나 임의로 인감증명서의 사용 용도란을 고치는 행위를 해서는 안 됩니다.

[10] 성폭력범죄에서 '성적 욕망의 유발 및 성적 수치심이나 혐오감'의 의미와 판단기준은 무엇인가요?

문 「성폭력범죄의 처벌 등에 관한 특례법」의 '자기 또는 다른 사람의 성적 욕망을 유발하거나 만족시킬 목적' 및 '성적 수치심이나 혐오감을 일으키는 것'의 의미와 판단기준은 무엇인가요?

답 「성폭력범죄의 처벌 등에 관한 특례법」은 "자기 또는 다른 사람의 성적 욕망을 유발하거나 만족시킬 목적으로 전화, 우편, 컴퓨터, 그 밖의 통신매체를 통하여 '성적 수치심이나 혐오감을 일으키는 말, 음향, 글, 그림, 영상 또는 물건'을 상대방에게 도달하게 한 사람"을 처벌하고 있습니다. 또한 '성적 수치심이나 혐오감을 일으키는 것'은 피해자에게 단순한 부끄러움이나 불쾌감을 넘어 인격적 존재로서의 수치심이나 모욕감을 느끼게 하거나 싫어하고 미워하는 감정을 느끼게 하는 것으로서 사회 평균인의 성적 도의관념에 반하는 것을 의미합니다. 이와 같은 성적 수치심 또는 혐오감의 유발 여부는 일반적이고 평균적인 사람들을 기준으로 하여 판단함이 타당하고, 특히 성적 수치심의 경우 피해자와 같은 성별과 연령대의 일반적이고 평균적인 사람들을 기준으로 하여 그 유발 여부를 판단합니다. 따라서 웹페이지의 성격과 사용된 링크기술의 구체적인 방식 등 모든 사정을 종합하여 볼 때 상대방에게 성적 수치심을 일으키는 그림 등이 담겨 있는 웹페이지 등에 대한 인터넷 링크를 보내는 행위를 통해 그와 같은 그림 등이 상대방에 의하여 인식될 수 있는 상태에 놓이고 실질에 있어서 이를 직접 전달하는 것과 다를 바 없다고 평가되고, 이에 따라 상대방이 이러한 링크를 이용하여 별다른 제한 없이 성적 수치심을 일으키는 그림 등에 바로 접할 수 있는 상태가 실제로 조성되었다면, 그러한 행위는 전체로 보아 성적 수치심을 일으키는 그림 등을 상대방에게 도달하게 한다는 범죄행위에 해당합니다.

〔11〕 인터넷사이트에서 특정 후보자의 출마에 대하여 '참 국민을 열받게 만드는 ㄱ 같은 녀석'이라고 댓글을 남기면 모욕죄가 성립하나요?

📋 甲은 인터넷 포털사이트 내에서 '乙이 곧 특정 정당에 입당해 국회의원 선거에 출마한다'는 제목의 기사를 보고 스마트폰으로 접속해 '참 국민을 열받게 만드는 ㄱ 같은 녀석… 국민을 우습게 보는 게 대통령과 비슷하구나'라고 댓글을 달면 모욕죄가 성립하는지요?

📋 甲은 인터넷 포털사이트에서 乙이라는 정치인이 특정 정당에 입당해 국회의원 선거에 출마한다는 제목의 기사를 보고 스마트폰으로 접속하여 '참 국민을 열받게 만드는 ㄱ 같은 녀석… 국민을 우습게 보는 게 대통령과 비슷하구나'라고 댓글을 작성하였는데, 이에 乙은 甲이 자신을 모욕했다며 고소하였습니다. 이에 대하여 법원은 甲이 댓글을 단 기사에는 乙이 국회의원 후보로 출마하려고 한다는 내용과 함께, 과거 乙이 여성 관련 발언으로 특정 정당을 탈당하였고 그 후 의원직을 사퇴하였으며, 최근 불륜 의혹에 휩싸여 세간의 화제가 되었다는 등 乙에 대한 부정적인 취지의 내용이 기재되어 있던 점, 甲은 위 기사에 기재된 내용을 비롯하여 언론 등을 통해서 알게 된 乙의 과거 행적 등에 기초하여 乙이 국회의원 선거에 출마하여 국회의원이 되려는 것이 부적절하고, 국민을 우습게 보는 행위로 평가될 수 있다는 의견을 표시하는 과정에서 댓글을 기재한 것으로, 표현행위의 주된 의도가 단순히 乙을 비방하려는 것이 아니라 국회의원 후보자가 되려는

乙의 행위에 대한 의견 내지 판단을 개진하기 위한 것인 점, 甲이 기재한 내용 중 'ㄱ'의 의미가 '개'를 의미한다고 단정하기 어려운 점 등의 사정을 종합하면, 댓글 표현에 乙을 비하하는 의미가 일부 있더라도 표현의 정도 및 국회의원 후보에 출마하려는 乙의 지위, 乙의 과거 행적에 비추어 甲의 행위는 위법성이 조각되고 사회상규에 위배되지 않는 행위라고 하였습니다. 따라서 甲이 인터넷사이트에서 특정 후보자의 출마에 대하여 '참 국민을 열받게 만드는 ㄱ 같은 녀석'이라고 댓글을 달았어도 모욕죄로 처벌할 수는 없다 하겠습니다.

〔12〕 수치심을 유발할 수 있는 피해자의 신체를 피해자의 의사에 반하여 촬영한 후 이를 피해자에게 전송하더라도 무죄인가요?

🔳 수치심을 유발할 수 있는 피해자의 신체를 피해자의 의사에 반하여 촬영한 후 이를 피해자 본인에게 전송하면 「성폭력범죄의 처벌 등에 관한 특례법」 해당하여 처벌받게 되나요?

🔳 「성폭력범죄의 처벌 등에 관한 특례법」(이하 「성폭력처벌법」이라고 합니다)은 '카메라나 그 밖에 이와 유사한 기능을 갖춘 기계장치를 이용하여 성적 욕망 또는 수치심을 유발할 수 있는 다른 사람의 신체를 그 의사에 반하여 촬영하거나 그 촬영물을 반포·판매·임대·제공 또는 공공연하게 전시·상영'하는 행위를 처벌하고 있습니다. 「성폭력

처벌법」은 촬영행위뿐만 아니라 촬영물을 반포·판매·임대·제공 또는 공공연하게 전시·상영하는 행위까지 처벌하는 것은, 성적 욕망 또는 수치심을 유발할 수 있는 타인의 신체를 촬영한 촬영물이 인터넷 등 정보통신망을 통하여 급속도로 광범위하게 유포됨으로써 피해자에게 엄청난 피해와 고통을 초래하는 사회적 문제를 감안하여, 죄책이나 비난가능성이 촬영행위 못지않게 크다고 할 수 있는 촬영물의 유포행위를 한 자를 촬영자와 동일하게 처벌하기 위해서입니다. 그런데 「성폭력처벌법」에서 '반포'와 별도로 열거된 '제공'은, '반포'에 이르지 아니하는 무상 교부행위로서 '반포'할 의사 없이 '특정한 1인 또는 소수의 사람'에게 무상으로 교부하는 것을 의미합니다. 그리고 「성폭력처벌법」에서 촬영행위뿐만 아니라 촬영물을 반포·판매·임대·제공 또는 공공연하게 전시·상영하는 행위까지 처벌하는 것이 촬영물의 유포행위를 방지함으로써 피해자를 보호하기 위한 것이므로 촬영의 대상이 된 피해자 본인은 「성폭력처벌법」에서 말하는 '제공'의 상대방인 '특정한 1인 또는 소수의 사람'에 포함되지 않습니다. 따라서 피해자 본인에게 촬영물을 교부하는 행위는 다른 특별한 사정이 없는 한 「성폭력처벌법」의 '제공'에 해당하지 않으므로 처벌할 수 없습니다. 하지만 형사적으로 처벌받지 않는다 하더라도 수치심을 유발할 수 있는 피해자의 신체를 피해자의 의사에 반하여 촬영한 후 이를 피해자에게 전송하는 행위는 하지 않아야 하겠습니다.

[13] 성관계 동영상을 휴대전화로 재촬영하여 전송하는 것은 무죄인가요?

문 서로 합의하에 촬영한 성관계 동영상을 컴퓨터로 재생한 후 다시 휴대전화 카메라로 찍어 다른 사람에게 전송하면 사람의 신체를 직접 촬영한 경우가 아니므로 「성폭력처벌법」 위반으로 처벌할 수 없다는데 사실인가요?

답 「성폭력처벌법」 제14조 1항은 '카메라나 그 밖에 이와 유사한 기능을 갖춘 기계장치를 이용하여 성적 욕망 또는 수치심을 유발할 수 있는 다른 사람의 신체를 그 의사에 반하여 촬영하거나 그 촬영물을 반포·판매·임대·제공 또는 공공연하게 전시·상영한 자'는 5년 이하의 징역 또는 1,000만 원 이하의 벌금에 처하도록 규정하고 있습니다. 그리고 같은 조 2항은 '제1항의 촬영이 촬영 당시에는 촬영대상자의 의사에 반하지 아니하는 경우에도 사후에 그 의사에 반하여 촬영물을 반포·판매·임대·제공 또는 공공연하게 전시·상영한 자'는 3년 이하의 징역 또는 500만 원 이하의 벌금에 처하도록 규정하고 있습니다. 그런데 서로 합의하에 촬영한 성관계 동영상을 컴퓨터로 재생한 후 다시 휴대전화 카메라로 찍어 다른 사람에게 전송하면 이를 「성폭력범죄의 처벌 등에 관한 특례법」 위반으로 처벌할 수 있는가 여부입니다. 대법원은 성관계 동영상을 컴퓨터로 재생한 후 다시 휴대전화 카메라로 찍는 행위는 피해자의 신체 그 자체를 직접 촬영한 것이 아니므로 「성폭력처벌법」이 금지하는 '다른 사람의 신체를 촬영한 행위'에 해당하지 않아 「성폭력범죄의 처벌 등에 관한 특례법」 위반으로 처벌할 수 없다고 판결하였습니다. 그렇지만 사람의 신체를 직접 촬영한 경우가 아니더라도 성관계 동영상을 재촬영하고 전송하는 행위는 하지 않아야 하겠습니다.

[14] 고소와 고발, 진정과 탄원의 차이점은 어떻게 되나요?

🔲 고소와 고발, 진정과 탄원의 차이점은 무엇인가요?

🔲 고소란, 범죄의 피해자 또는 그와 일정한 관계가 있는 고소권자(피해자, 피해자의 법정대리인, 피해자의 배우자 및 친족 등)가 수사기관(경찰 또는 검찰)에 대하여 범죄사실을 신고하여 범인의 처벌을 구하는 의사표시입니다. 고소는 고소권자에 의해 행해져야 하고, 고소권이 없는 자가 한 고소는 고소의 효력이 없습니다. 그리고 자기 또는 배우자의 직계존속은 고소하지 못하며 고소는 제1심 판결 선고 전까지 취소할 수 있고, 고소를 취소한 자는 다시는 고소를 하지 못합니다.

고발이란, 고소권자와 범인 이외의 사람이 수사기관에 대하여 범죄사실을 신고하여 범인의 처벌을 구하는 의사표시입니다. 누구든지 범죄가 있다고 사료되는 경우 고발할 수 있으나 자기 또는 배우자의 직계존속은 고발하지 못합니다. 고발도 제1심 판결 선고 전까지는 취소할 수 있으나, 고소와 달리 취소 후에도 다시 고발할 수 있습니다.

진정이란, 개인 또는 단체가 국가나 공공기관에 대하여 일정한 사정을 진술하여 유리한 조치를 취해줄 것을 바라는 의사표시이며, 탄원이란 개인 또는 단체가 국가나 공공기관에 대하여 일정한 사정을 진술하여 도와주기를 바라는 의사표시입니다. 그러므로 진정과 탄원은 고소·고발과 달리 진정이나 탄원의 대상에 대한 제한규정이 없습니다. 고소·고발·진정·탄원의 방법으로는 서면 또는 구두로 수사기관에 하여야 하며, 수사기관에 직접 출두하여 민원실에 제출하거나 출두가 어려운 경우에는 우편으로 제출할 수 있습니다. 참고로 수사기관은 고소장 등 접수하고자 하는 사건에 대하여 민원상담관이 내용을 상담한 후 형사고소 등 대상이 아닌 사건은 접수를 받지 않습니다.

[15] 컴퓨터 내장 프로그램을 복제하면 절도죄인가요?

🈁 甲은 저의 컴퓨터에 입력된 프로그램을 동의 없이 무단으로 복제해 가지고 갔는데 이를 절도죄로 처벌할 수 있나요?

🈲 절도죄는 타인이 점유하는 재물을 절취함으로써 성립하는 범죄로서 '재물(財物)'에는 유체물(有體物)뿐만 아니라 관리할 수 있는 동력(動力)도 포함됩니다. 그리고 형법은 타인의 재물을 절취한 절도죄의 형량을 '6년 이하의 징역 또는 1,000만 원 이하의 벌금에 처한다'고 규정하고 있습니다. 이에 관하여 판례는 "절도죄의 객체는 관리 가능

한 동력을 포함한 '재물'에 한한다 할 것이고, 또 절도죄가 성립하기 위해서는 그 재물의 소유자 기타 점유자의 점유 내지 이용가능성을 배제하고 이를 자신의 점유 하에 배타적으로 이전하는 행위가 있어야만 할 것인 바, 컴퓨터에 저장되어 있는 '정보' 그 자체는 유체물이라고 볼 수도 없고 물질성을 가진 동력도 아니므로 재물이 될 수 없다 할 것이며, 또 이를 복사하거나 출력하였다 할지라도 그 정보 자체가 감소하거나 피해자의 점유 및 이용가능성을 감소시키는 것이 아니므로 그 복사나 출력행위를 가지고 절도죄를 구성한다고 볼 수도 없다"라고 하였습니다. 또한 여기서 '관리(管理)'란 물리적 관리를 뜻하고, 사무적·법적 관리를 포함하는 것이 아니라 할 것이므로, 권리 그 자체, 라디오·TV의 전파, 전화, FAX 송수신 기능, 프로그램이나 전자기록의 복사에 의한 경제적 가치 등은 절도죄의 객체인 재물로 간주할 수 없다고 하겠습니다. 따라서 컴퓨터프로그램 절도는 절도죄로 처벌할 수 없다 하겠습니다. 다만, 귀하가 프로그램의 저작자인 경우는 「컴퓨터프로그램보호법」 규정에 의거하여 불법으로 복제한 자를 「컴퓨터프로그램보호법」 프로그램저작권 침해행위로 고소할 수 있습니다.

[16] 불륜관계의 애인에게 불륜을 폭로하겠다는 메시지를 남기면 어떻게 되나요?

저는 남편이 있는 유부녀로 3년 전부터 유부남을 애인으로 사귀었는데 그 애인이 최근 마음이 변하여 저를 만나주지 않아 애인의 휴대전화에 3,000만 원을 주지 않으면 그의 아내에게 불륜관계를 폭로하겠다는 취지로 음성메시지를 남겨놓았습니다. 그러자 그는 저를 상대로 공갈죄로 경찰에 고소장을 제출하였습니다. 저는 어떠한 처벌을 받나요?

답 유부남과 유부녀의 사랑은 많은 법적·사회적 문제가 있으며 잘못하면 이혼의 파경에 이르게 됩니다. 귀하의 경우처럼 유부남과 유부녀의 불륜관계는 법이 이를 허용하지 않고 있으므로, 아무런 법적 보호를 받지 못하게 됩니다. 따라서 귀하가 유부남과 애인처럼 지내다가 무슨 사정이 생겨서 그만 만나자고 하면 별다른 방법이 없게 되고 불륜관계를 상대방의 배우자에게 폭로한다고 하면서 애인에게 돈을 요구하게 되면 공갈죄에 해당되며 휴대전화에 음성메시지를 남기는 경우에는 공갈죄의 증거가 명백하게 남게 되는 것입니다. 상대방이 이에 대해 귀하에게 금품 등을 교부하지 않고 경찰에 신고하여 귀하가 그 목적을 달성하지 못하면 공갈미수죄에 해당합니다. 그리고 2015년 형법상 간통죄가 폐지되면서 사실상 부정행위자들에 대한 형사처벌은 불가능하지만, 상대방(유부남)의 아내는 귀하를 상대로 정신적 고통에 대한 위자료 등 손해배상 청구소송을 제기할 수 있습니다.

가사 사례

01
가사 일반

[1] 타가(他家)로 입양한 자손도 원래 집안의 종중원 자격이 있나요?

문 저의 할아버지는 원래 김 씨 성을 가진 사람이었는데 박 씨 집안으로 입양되었다고 합니다. 저의 가족 모두는 박 씨 성으로 살고 있지만, 마을 주민들은 저의 가족이 김 씨 후손이라는 사실을 모두 알고 있습니다. 원래 성이 김 씨이니 김 씨 종중원의 자격만은 갖고 싶은데 김 씨 종중원의 자격이 있나요?

답 결론부터 말씀드리면 김 씨 종중원의 자격이 없습니다. 법원은 "종중이 공동선조의 제사봉행을 주목적으로 하는 것과 종래의 양자제도가 공동선조의 후손 중 일부가 자기 후손의 대가 끊어지는 것을 막기 위해 존재했던 것에 비춰 보면, 타가(他家)에 출계(出系)한 자와 그 자손은 친가의 생부를 공동선조로 하는 종중에는 속하지 않는다"는 판례에 따라 귀하는 김 씨 종중의 종원으로서의 지위를 가질 수 없습니다.

귀하와 같은 사례는 최근 들어 종중의 토지가 개발로 수용되어 보상금이 지급되는 지역에서 토지보상분배금 지급 문제로 종중회원 지위확인 소송이 종종 제기되고 있어 실제 종중원의 지위를 갖기 위함인지 보상금을 노린 소송인지 씁쓸한 일입니다.

[2] 조상을 모르면 나도 시조(始祖)가 될 수 있나요?

🈮 저는 부모도 모른 채 가족관계등록 없이 30년 이상을 살았으나, 사회생활을 하는 데 있어서 애로사항이 많습니다. 지금이라도 제가 가족관계등록창설신고를 하려고 하는데 어떻게 하면 되나요?

🈰 가족관계등록창설은 대한민국 국민이지만, 등록이 되어 있지 아니한 사람을 처음으로 등록하도록 하는 제도를 말합니다. 가족관계등록창설은 다른 제도를 이용할 수 없는 경우에 인정되는 예외적이고 보완적인 제도입니다. 그러므로 단순히 출생신고의 해태 중에 있는 자나 착오에 의하여 사망의 기재를 한 자 등은 가족관계등록창설을 할 수 없습니다. 등록이 되어 있지 아니한 사람이란 등록부를 확정적으로 갖지 않은 사람을 말하므로 등록불분명자는 등록여부가 확

인될 때까지 가족관계등록창설을 할 수 없습니다. 등록절차는 부모를 알 수 없어서 출생신고의무자가 불분명한 유아인 기아(棄兒)의 경우에는 기아발견사실의 통보를 받은 시(구)·읍·면의 장은 기아발견조서를 작성한 다음 그 조서를 신고서로 하여 그 기아에 대한 등록을 하게 됩니다.

그때 기아의 성과 본은 시(구)·읍·면의 장이 가정법원에 '성 및 본의 창설허가심판청구'를 하고, 그에 따른 '성 및 본의 창설허가재판서 등본'의 송부를 받아서 등록부에 기재하게 되는데, 귀하와 같이 기아가 아닌 경우로서 부모를 알 수 없는 경우에는 가정법원의 성 및 본의 창설허가와 가족관계등록창설허가를 얻은 다음 그 등본을 첨부하여 1월 이내에 가족관계등록창설신고를 할 수 있습니다.

흥미로운 것은 가족관계등록창설신고를 하는 자 중 본관을 제주로 하는 자가 가장 많으며 가족관계등록창설신고자는 해당 본관의 시조가 됩니다.

[3] 공무원이 이혼소송 중 퇴직연금을 받게 되면 퇴직연금도 재산분할의 대상인가요?

🏛 아내는 공무원인 남편을 상대로 이혼소송을 제기하였는데, 이혼소송이 끝나갈 무렵 남편이 공무원 퇴직연금을 실제로 수령하게 되었다면, 퇴직연금도 재산분할의 대상에 포함되나요?

📑 재산분할제도는 혼인 중에 취득한 실질적인 공동재산을 청산·분배하는 것을 주된 목적으로 하는 것이므로, 부부가 재판상 이혼을 할 때 쌍방의 협력으로 이룩한 재산이 있는 한, 법원으로서는 당사자의 청구에 의하여 재산의 형성에 기여한 정도 등 당사자 쌍방의 일체의 사정을 참작하여 분할의 액수와 방법을 정하게 됩니다. 비록 이혼 당시 부부 일방이 아직 재직 중이어서 실제 퇴직급여를 수령하지 않았더라도 이혼소송의 사실심 변론종결 시에 이미 잠재적으로 존재하여 경제적 가치의 현실적 평가가 가능한 재산인 퇴직급여채권은 재산분할의 대상에 포함시킬 수 있으며, 구체적으로는 이혼소송의 사실심 변론종결 시를 기준으로 그 시점에서 퇴직할 경우 수령할 수 있을 것으로 예상되는 퇴직급여 상당액의 채권이 그 대상이 됩니다. 즉, 이혼소송이 끝나갈 무렵 남편이 공무원 퇴직연금을 실제로 수령하고 있는 경우 공무원 퇴직연금에는 사회보장적 급여로서의 성격 외에 임금의 후불적 성격이 불가분적으로 혼재되어 있으므로, 혼인기간 중의 근무에 대하여 아내의 협력이 인정되는 이상 공무원 퇴직연금수급권 중 적어도 그 기간에 해당하는 부분은 부부 쌍방의 협력으로 이룩한 재산으로 볼 수 있습니다. 따라서 이미 발생한 공무원 퇴직연금수급권도 부동산 등과 마찬가지로 재산분할의 대상에 포함될 수 있다고 보는 것이 법원의 판례입니다. 그리고 남편이 매월 수령할 퇴직연금액 중 일정 비율에 해당하는 금액을 아내에게 정기적으로 지급하는 방식의 재산분할도 가능합니다.

〔4〕 성폭력에 의해 임신을 하고 출산한 경우 그 전력을 숨기고 결혼하면 사기죄가 성립하나요?

🔲 성폭력에 의해 임신한 여성이 낙태를 하지 않고 출산한 후 그 사실을 결혼할 남자에게 말하지 않고 결혼했다면 사기 결혼에 해당하나요?

🔲 민법 제816조 제3호는 부부 일방이 '사기 또는 강박으로 인하여 혼인의 의사표시를 한 때'에는 법원에 혼인의 취소를 청구할 수 있다고 규정하고 있고 혼인이 취소되는 때에는 부부 일방이 과실 있는 상대방에 대하여 이로 인한 손해의 배상을 청구할 수 있다고 규정하고 있습니다. 판례는 베트남 국적의 여성이 미성년자 시절 베트남에서 강간을 당해 출산한 전력이 있는데 그 후 한국인 남자와 결혼하면서 출산한 전력을 남자에게 말하지 않았고 나중에 그 사실을 알게 된 남자는 사기결혼이라며 혼인취소 소송을 제기한 사건에서 법원은 결혼할 남자에게 그 출산 경력과 자녀의 존재 사실을 고지할 의무가 없으므로, 여성 〡 그 사실을 고지하지 않았다고 하여 남자를 위법하게 기망하였다고 볼 수 없으므로 사기로 인한 혼인취소 사유에 해당하지 않는다고 판결하였습니다. 법원은 출산의 경위와 출산한 자녀의 생존 여부 및 그에 대한 양육책임이나 부양책임의 여부, 실제 양육이나 교류가 이루어졌는지 여부와 그 시기 및 정도, 법률상 또는 사실상으로 양육자가 변경될 가능성이 있는지, 출산 경력을 고지하지 않

은 것이 적극적으로 이루어졌는지 아니면 소극적인 것에 불과하였는지 등을 면밀하게 살펴봄으로써 출산의 전력이나 경위가 알려질 경우 당사자의 명예 또는 사생활 비밀의 본질적 부분이 침해될 우려가 있는지, 사회통념상 당사자나 제3자에게 그에 대한 고지를 기대할 수 있는지와 이를 고지하지 아니한 것이 신의성실 의무에 비추어 비난받을 정도라고 할 수 있는지까지 심리한 다음, 그러한 사정들을 종합적으로 고려하여 신중하게 고지의무의 인정 여부와 그 위반 여부를 판단함으로써 당사자 일방의 명예 또는 사생활 비밀의 보장과 상대방 당사자의 의사결정의 자유 사이에 균형과 조화를 도모하여야 한다는 취지입니다. 즉, 여자가 남자에게 출산의 전력을 알리지 않은 경우에 그것이 남자가 상대 여자와 결혼할 것인지를 결정하는 데 영향을 미칠 것이라는 이유만으로는 결혼취소 사유에 해당한다고 볼 수 없습니다.

〔5〕 성전환수술을 한 경우 가족관계등록부의 정정은 가능한가요?

문 저는 올해 38세로 가족관계등록부에는 여자로 기재되어 있지만, 어려서부터 동성에 호감을 갖는 있고 성주체성의 계속적인 장해(남성으로 살아가고자 하는 지속적인 신념)로 자궁 및 유방적출술, 남성 성기 및 고환성형술 등을 포함한 성전환수술을 받은 후 현재는 사실상 아내와 동거중이고 남성으로서 역할을 정상적으로 수행하며 남성으로서의 성생활도 유지하고 있습니다. 그런데 가족관계등록부상 여성이라는 이유로 많은 불편을 겪으며 살아가고 있어 가족관계등록부상 여성을 남성으로 정정할 수 있나요?

답 여성과 남성의 성(性)의 구분에 관한 대법원의 판례는 "출생 후의 성장에 따라 일관되게 출생 당시의 생물학적인 성에 대한 불일치감 및 위화감, 혐오감을 갖고 반대의 성에 귀속감을 느끼면서 반대의 성으로서의 역할을 수행하며 성기를 포함한 신체 외관 역시 반대의 성으로서 형성하기를 강력히 원하여 정신과적으로 성전환증의 진단을 받고 상당기간 정신과적 치료나 호르몬 치료 등을 실시하여도 여전히 위 증세가 치유되지 않고 반대의 성에 대한 정신적, 사회적 적응이 이루어짐에 따라 일반적인 의학적 기준에 의하여 성전환수술을 받고 반대 성으로서의 외부 성기를 비롯한 신체를 갖추고 있다면, 이러한 여러 사정을 종합적으로 고려하여 사회통념상 신체적으로 전환된 성을 갖추고 있다고 인정될 수 있는 경우이므로 이와 같은 성전환자는 출생시와는 달리 전환된 성이 법률적으로도 그 성전환자의 성이라고 평가받을 수 있을 것이다"며 성전환자에 해당함이 명백한 사람에 대하여는 호적정정에 관한 절차에 따라 호적의 성별란 기재의 성을 전환된 성에 부합하도록 수정할 수 있도록 허용하였습니다. 그러므로 성전환자에 해당함이 명백하다고 증명되는 경우에는 여성에서 남성으로의 가족관계등록부정정이 가능합니다. 그러나 성전환자가 혼인중에 있거나 미성년자인 자녀가 있는 경우에는, 가족관계등록부에 기재된 성별의 정정은 허용되지 않습니다.

02
결혼과 이혼

[1] 협의이혼 후 재결합한 경우 가족관계증명서에는 이혼기록이 남지 않나요?

📋 저는 아내와 가정불화로 협의이혼을 했는데, 그 후 서로 이혼을 후회하고 재결합하기로 했습니다. 제가 아내와 법률상 부부가 되려면 다시 혼인신고를 해야 한다고 하는데, 가족관계증명서에 이혼한 기록이 나타나지 않게 할 수 있는 방법은 없을까요?

📋 2008년 1월 1일부터 시행되고 있는 「가족관계의 등록 등에 관한 법률」은 가족관계등록부를 기본증명서, 가족관계증명서, 혼인관계증명서, 입양관계증명서, 친양자 입양관계증명서로 구분하였으며, 기본증명서에는 출생, 국적관련, 친권, 친생부인, 개명 등 본인의 신분상

변동 사항이 기재됩니다. 따라서 본인의 이혼, 혼인, 입양관계는 기본 증명서에 나타나지 않습니다. 가족관계증명서에는 현재 배우자와 본인을 중심으로 부모, 자녀의 3대만 표시되므로, 형제자매의 개인정보 및 형제자매의 신상변동으로 인하여 생길 수 있었던 불이익을 방지하였습니다.

혼인관계증명서에는 본인의 혼인·이혼에 관한 사항과 배우자의 성명정정 또는 개명에 관한 사항이 기재되는 증명서로 배우자였던 사람의 인적사항이 기재됩니다. 그러므로 가족관계증명서에는 현재 유효한 가족관계가 있는 사람들을 표시하므로 이혼사실이 기록되지 않지만, 혼인관계증명서에는 이혼사실이 기록됩니다.

〔2〕 남편과 합의로 별거 중에 남편이 이혼을 요구해도 이혼을 거절할 수 있나요?

🈩 저는 남편과 협의이혼을 하기로 하고 별거 중에 있는데 남편은 마음이 변해 지금은 이혼을 할 수 없다고 합니다. 제가 재판상 이혼을 청구할 수 있나요?

🈵 서로가 이혼에 합의하였다는 사실만으로 재판상 이혼을 청구할 수는 없습니다. 민법 제840조는 재판상 이혼사유를 열거하고 있는데, 그중 부부관계가 심각한 파탄지경에 이르러 다시는 부부생활을 회복

하기 어려운 경우가 있는데 이를 '기타 혼인을 계속하기 어려운 중대한 사유가 있을 때'라고 규정하고 있습니다. 즉, 다시는 부부생활을 회복하기 힘든 경우 혼인생활의 계속을 강요하는 것은 서로에게 고통이 되는 정도를 말합니다. 따라서 혼인생활 중 부부가 일시 이혼에 합의하고 나아가 위자료를 지급하고 재산분할까지 했다 하더라도 그것으로 인하여 부부관계가 돌이킬 수 없을 정도로 파탄상태에 이른 것이 아니라면 단순히 이를 이유로 상대방에게 이혼을 강제할 수는 없습니다. 하지만 부부관계가 돌이킬 수 없을 정도로 파탄되어 부부쌍방이 이혼의사로 사실상 부부관계의 실체를 해소한 채 생활해왔다는 등의 특별한 사정이 있다면 이혼을 청구할 수 있고 이혼을 할 수 있습니다.

[3] 시어머니의 핍박도 이혼사유인가요?

🈲 저는 올해 결혼한 지 3년 된 며느리인데 이런저런 사유로 시어머니의 핍박이 너무 심합니다. 이를 이유로 남편과 이혼할 수 있을까요?

🈯 시어머니나 시아버지로부터의 심히 부당한 대우는 이혼사유가 되기 때문에 이혼할 수 있습니다. 안타깝게도 최근 가정법원의 이혼사유 중 양가 부모님에 대한 간섭과 부당한 대우로 인한 이혼이 증가하고 있는 추세입니다. 민법 제840조는 '배우자 또는 그 직계존속(시아버지, 시어머니 등)으로부터 심히 부당한 대우를 받았을 때'를 재판상

이혼사유로 규정하고 있습니다. 이때 부당한 대우란 신체·정신에 대한 학대 또는 명예에 대한 모욕을 뜻하고, 심히 부당하다는 것은 배우자의 일방이 부부 공동생활의 계속에 대해 고통을 느낄 정도를 말합니다. 이처럼 고부간의 갈등은 어느 정도 있을 수 있으나, 그것이 갈등을 넘어 일방의 학대로까지 발전한다면 이혼사유에 해당합니다. 또한 이혼피해자는 과실 있는 상대방에 대해 재산상의 손해배상청구와 정신적, 육체적 고통에 대한 위자료를 청구할 수 있습니다. 즉, 남편과의 이혼사유도 해당하고 시어머니에 대해서는 위자료 청구도 가능합니다.

[4] 사실혼 파기도 재산분할청구가 가능한가요?

저는 甲이라는 남자와 사실혼관계에 있으나 더 이상 함께 살 수 없어 헤어지기로 했는데, 함께 살면서 모은 재산에 대하여 이혼의 경우처럼 재산분할청구권을 행사할 수 있나요?

사실혼이라 함은 혼인신고는 되어 있지 않지만 사실상 당사자 사이에 혼인의 의사가 있고, 객관적으로는 사회통념상 누가 보더라도 부부공동생활을 인정할만한 혼인생활의 실체가 있는 경우를 일컫는 것입니다. 사실혼에 대해서는 재산상속 등 혼인신고를 전제로 하는 규정은 적용할 수 없으나, 동거, 부양, 협조, 정조의무, 재산분할청구 등 법률혼에 준하는 일정한 효력이 인정됩니다. 그러므로 사실혼 부부의 일방이 동거하기 전부터 가진 고유재산과 동거기간 중 자기명의로 취득한 재산은 그 명의자의 특유재산으로 추정되나, 사실혼관계에 있는 부부가 공동으로 모은 재산과 부부의 누구에게 속한 것인지 분명하지 아니한 재산은 그 부부의 공동소유로 추정됩니다. 따라서 사실혼의 기간 중 공동으로 마련한 재산은 당사자 일방의 명의로 되어 있다고 하더라도 재산분할청구가 가능합니다.

[5] 협의이혼을 하려면 당사자 본인이 꼭 법원에 출석해야 하나요?

📩 저는 남편과 협의이혼을 하기로 합의했는데, 남편은 저에게 법원에 제출할 서류를 모두 준비해주겠지만 법원에는 가지 않겠다며 저에게 알아서 가족관계등록부를 정리하라고 합니다. 이 경우 협의이혼의사의 확인을 받으려면 당사자 본인이 반드시 법원에 출석해야 하나요?

💬 협의상 이혼의 확인에 관하여 「가족관계의 등록 등에 관한 법률」은 '협의상 이혼을 하고자 하는 사람은 등록기준지 또는 주소지를 관할하는 가정법원의 확인을 받아 신고하여야 한다. 다만, 국내에 거주하지 아니하는 경우에는 그 확인은 서울가정법원의 관할로 한다'라고 규정하고 있고, 협의상 이혼하려는 부부는 두 사람이 함께 등록기

준지 또는 주소지를 관할하는 가정법원에 출석하여 협의이혼의사확인신청서를 제출하고 이혼에 관한 안내를 받고 부부 중 한쪽이 재외국민이거나 수감자로서 출석하기 어려운 경우에는 다른 쪽이 출석하여 협의이혼의사확인신청서를 제출하고 이혼에 관한 안내를 받도록 규정하고 있습니다. 즉, 재외국민이나 수감자로서 출석이 어려운 자는 서면으로 안내를 받을 수 있습니다. 법원은 이혼의사확인신청이 있는 때에는 일정 기간이 지난 후에 부부 양쪽을 출석시켜 그 진술을 듣고 이혼의사의 유무 및 부부 사이에 미성년인 자녀가 있는지 여부와 미성년인 자녀가 있는 경우 그 자녀에 대한 양육과 친권자 결정에 관한 협의서 또는 가정법원의 심판정본 및 확정증명서를 확인합니다. 그리고 부부 중 한쪽이 재외국민이거나 수감자로서 출석하기 어려워 다른 한쪽이 출석하여 신청한 경우에는 관할 재외공관이나 교도소장에게 이혼의사 등의 확인을 통해 당사자의 출석·진술을 갈음할 수 있습니다. 그러므로 협의이혼의사확인신청은 재외국민이거나 수감자 등이 아닌 한 부부가 함께 법원에 출석하여 협의이혼의사확인신청서를 제출하여야 하고, 또한 법원의 출석기일에 부부 양쪽이 출석하여 협의이혼의사확인을 받은 후 시(구)·읍·면의 장에게 이혼신고를 함으로써 협의이혼이 성립됩니다.

[6] 장래 이혼할 경우 '재산분할청구권은 포기한다'는 각서는 효력이 있나요?

📄 제 아내는 신혼 초 저에게 만약 장래에 이혼할 경우 '재산분할 청구권 행사는 하지 않겠다'는 각서를 요구해, 당시는 이혼을 꿈에도 생각하지 않은 저는 아내가 원하는 대로 모든 재산을 포기하겠다는 각서를 작성해주었습니다. 그런데 결혼 7년차인 저는 아내와의 갈등으로 인해 이혼을 하고자 하는데 7년 전 작성한 포기 각서의 경우 효력이 있나요?

📄 재산분할제도는 결혼생활 중 부부의 노력으로 모은 공동재산을 청산·분배하는 것을 주된 목적으로 하는 제도이고, 재산분할청구권은 이혼이 성립한 때에 법적 효과로서 비로소 발생하는 것입니다. 따라서 이혼협의가 형성되기까지는 재산분할의 범위 및 내용이 불명확·불확정하기 때문에 구체적으로 권리가 발생하였다고 할 수 없습니다. 그러므로 이혼이 구체화되지 않은 상태에서 재산분할청구권을 미리 포기하는 것은 허용되지 않습니다. 판례도 "아직 이혼하지 않은 당사자가 장차 협의상 이혼할 것을 합의하는 과정에서 이를 전제로 재산분할청구권을 포기하는 서면을 작성한 경우, 부부쌍방의 협력으로 형성된 공동재산 전부를 청산·분배하려는 의도로 재산분할의 대상이 되는 재산액, 이에 대한 쌍방의 기여도와 재산분할 방법 등에 관하여 협의한 결과 부부일방이 재산분할청구권을 포기한다는 각서는 '재산

분할청구권의 사전포기'에 불과할 뿐이므로 '재산분할에 관한 협의'로서의 '포기약정'이라고 보아서는 아니된다"라고 하였습니다. 결국 이혼하지 않은 당사자가 장차 협의상 이혼할 것을 합의하는 과정에서 이를 전제로 재산분할청구권을 포기하는 서면을 작성한 경우, 재산분할에 관한 협의로서의 포기약정이라고 볼 수 없습니다.

03
친권·입양

[1] **재혼한 어머니도 친권자가 될 수 있나요?**

🔲 저는 오래전 부모님이 이혼한 후 어머니는 재혼하였고, 올해 16세 학생인데 아버지와 할머니 3명이 함께 살고 있습니다. 그런데 3개월 전 아버지가 교통사고로 사망하자 어머니는 저의 친권자라며 제 앞으로 나온 아버지의 보상금을 수령할 권한이 있다고 합니다. 할머니는 저의 앞날을 걱정하는데 어떻게 해야 하는지요?

🔲 아버지의 사망으로 인한 손해배상금은 귀하에게 귀속되는 것이나, 귀하는 아직 미성년자이므로 그 재산을 관리할 친권자 또는 후견인이 있어야 합니다. 현행 민법에 의하면 어머니가 재혼을 하였더라도 귀하의 어머니는 귀하의 친권자가 되므로 귀하의 어머니가 손해배

상금을 수령하고 관리하겠다는 것은 타당한 것입니다. 그러나 부 또는 모가 친권을 남용하거나 현저한 비행, 기타 친권을 행사시킬 수 없는 중대한 사유가 있을 때에는 법원은 자(子)의 친족 또는 검사의 청구에 의하여 그 친권의 상실을 선고할 수 있고, 법정대리인인 친권자가 부적당한 관리로 인하여 자의 재산을 위태하게 한 때에는 법원은 그 법률행위의 대리권과 재산관리권의 상실을 선고할 수 있도록 하고 있습니다. 따라서 귀하는 이러한 절차를 통해 재혼한 어머니의 친권행사를 막을 수 있습니다. 친권의 남용은 친권자로서의 양육, 재산관리 등의 권리의무를 부당하게 행사하여 자의 복지를 해하는 것입니다. 현저한 비행에 해당하는 경우로는 성적 품행(性的品行)이 나쁘거나, 음주·도박 등으로 인하여 자의 보호·교육에 해가 되고, 자에게 불이익을 주는 경우라고 할 수 있습니다. 기타 친권을 행사시킬 수 없는 중대한 사유로는 장기간 자녀를 보호·양육하지 않고 방치한 경우나, 장기간 행방불명인 경우가 이에 해당될 수 있습니다. 친권상실청구의 소송을 제기한 경우 판결이 있을 때까지는 상당한 시일을 요하므로 자의 이익을 위하여 필요한 경우 법원은 신청에 의하여 친권자의 친권행사를 정지시키거나, 친권대행자를 선임하는 사전처분을 할 수 있습니다. 친권상실의 선고가 있으면 후견이 개시되는데, 귀하의 할머니가 유일한 직계존속이거나 직계존속 중 가장 연장자라면 귀하의 법정후견인이 됩니다.

〔2〕 인공수정에 의해 태어난 아이도 친생자인가요?

❓ 甲 여인은 인공수정으로 임신해 출산하였는데 태어난 아이는 법률상 친생자로 인정받을 수 있나요?

🅰 어머니와 자녀관계는 출산을 통해 인정되는 것이므로 자연적인 방법으로 임신하거나 인공수정으로 임신하거나 산모와 태어난 자녀 사이에는 모자관계가 인정됩니다. 부자관계에 있어서도 남편의 정자를 이용하여 인공수정한 경우는 물론이고 제3자의 정자를 이용하여 인공수정한 경우에도 '부부의 한쪽이 장기간에 걸쳐 해외에 나가 있거나 사실상의 이혼으로 부부가 별거하고 있는 경우 등 처가 남편의 자를 포태할 수 없는 것이 외관상 명백한 사정'이 없는 이상 부자관계가 인정됩니다. 즉, 혈연적으로든 법적으로든 친자관계가 되므로 남편은 자신의 자식이 아니라며 친생부인을 할 수 없고 태어난 자녀에 대하여 법적으로 아버지로서 부양의무가 있게 됩니다. 그리고 인공수정에 의해 태어난 자는 자연적으로 임신되어 태어난 자와 가족법상 동일한 지위가 인정되기 때문에 상속이나 기타 권리에 있어서 차이가 없습니다. 하지만 제3자의 정자를 기증받아 인공수정을 하는 경우에는 남편이 이에 동의하지 않았다면, 태어난 자는 친자관계가 부정될 수 있습니다. 친자관계가 부정되면 법적으로 친부가 아니라 계부가 되며 가족관계등록부 정정신청을 하여 아버지의 친자로 기재된 것을 어머니의 혼인외의 자로 정정할 수 있습니다. 이때 인공수정자는 정자제공

자인 생부에 의해 인지되면 가족관계등록부에 아버지의 성명을 기록할 수 있습니다.

[3] 甲과 乙의 수정란을 대리모인 丙에게 착상시킨 후 丙이 丁을 출산하면 丁의 母는 누구인가요?

🔲 부부인 甲과 乙이 甲과 乙의 수정란을 대리모인 丙에게 착상시켜 丙이 丁을 낳았다면, 丁의 모는 乙인가요, 아니면 丙인가요?

🔲 우리 민법에서 모자관계의 결정 기준은 '모의 출산사실'입니다. 「가족관계의 등록 등에 관한 법률」상 출생신고를 할 때에는 출생신고서에 첨부하는 출생증명서 등에 의하여 모의 출산사실을 증명하여야 합니다. 남편이 배우자 아닌 여성과의 성관계를 통하여 임신을 유발시키고 자녀를 낳게 하는 고전적인 대리모의 경우뿐만 아니라, 부부의 정자와 난자로 만든 수정체를 다른 여성의 자궁에 착상시킨 후 출산케 하는 이른바 '자궁(출산)대리모'도 우리 법령의 해석상 허용되지 않고 있습니다. 그리고 대리모를 통한 출산을 내용으로 하는 계약은 선량한 풍속, 기타 사회질서에 위반하여 무효입니다. 질문과 같은 사례에서 甲이 丁의 母를 乙로 기재하여 출생신고를 하자, 가족관계등록 공무원이 신고서에 기재한 母의 성명(乙)과 출생증명서에 기재된 母의 성명(丙)이 일치하지 않는다며 출생신고서를 불수리하였습니다.

그리고 출생신고서 및 출생증명서에 '모의 성명 및 출생연월일'을 기재하게 한 것은 우리 민법상 모자관계를 결정하는 기준인 '모의 출산 사실'을 출생신고에 의하여 확인하고, 출산에 의하여 자연적으로 형성된 모자관계를 법률적으로도 일치시키기 위한 조치입니다. 그러므로 출생신고서에 기재된 모의 인적사항과 출생증명서에 기재된 모의 인적사항은 동일하여야 하고, 일치하지 않을 때에 담당공무원은 출생신고서를 수리해서는 아니됩니다. 위 사안에서 丁의 출생신고서에 기재된 모(乙)의 인적사항과 출생증명서에 기재된 모(丙)의 인적사항이 일치하지 아니하므로, 담당공무원이 甲의 출생신고를 수리하지 아니한 처분은 적법합니다. 결국 위 사안의 丁의 모는 丙으로 하여야 출생신고를 할 수 있습니다.

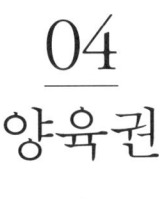

04
양육권

[1] 이혼 시 자녀양육권자의 지정 기준은 어떻게 되나요?

🈯 저는 9세 된 아이가 있습니다. 남편과 이혼을 하고 아이는 제가 키우고 싶은데 제가 양육권자로 지정받으려면 어떻게 하면 되나요?

🈯 우리 민법은 이혼 시 자녀의 양육 및 친권에 관하여 아버지 어머니에게 동등한 권리와 의무를 부여하고 있는데, 이혼 시 자녀의 양육 및 친권에 관한 사항은 이혼당사자가 협의하여 정하고, 협의가 되지 않거나 협의할 수 없는 때에는 당사자의 청구 또는 직권에 의하여 가정법원이 정하도록 규정하였습니다.

가정법원은 당사자의 청구 또는 직권에 의하여 자녀의 연령, 부모의 재산상황, 자녀에 대한 부모의 애정 정도, 자녀의 의사 등 여러 가지 사정을 참작하여 친권자 및 양육에 관한 사항을 정하게 됩니다. 그러므로 귀하가 남편과의 협의이혼을 하는 경우에는 아이의 친권자 및 양육권자에 관한 사항도 서로 협의에 의하여 정하고, 재판상 이혼을 하는 경우에는 친권자 및 양육자의 지정도 함께 재판상으로 청구할 수 있으며, 합의서 및 재판의 확정일로부터 1월 이내에 그 확정서면을 첨부하여 관할관청에 신고하면 됩니다. 그리고 귀하가 아이를 키우게 될 경우 아이의 아버지에게도 부양의무가 있기 때문에 귀하는 남편에게 아이의 양육비를 청구할 수 있습니다.

〔2〕 이혼 전 과거 양육비도 청구할 수 있나요?

📭 저는 5년 전부터 미성년자인 딸을 혼자 양육하다가 더 이상 남편과 함께 살 수 없어 2년 전 이혼하였고 현재도 딸을 양육하고 있는데, 이혼한 전 남편은 잘살고 있으므로 현재 양육비뿐만 아니라 과거의 양육비도 함께 청구할 수 있나요?

📭 우리나라 종전 판례는 "부모는 모두 자식을 부양할 의무가 있는 것이므로, 생모도 그 자를 부양할 의무가 있다 할 것이고, 따라서 자기의 고유의 의무를 이행한데 불과하며 또한 스스로 자진하여 부양하여 왔고 또 부양하려 한다면 과거의 양육비나 장래의 양육비를 청구하지 못한다"라고 하였으나, 그 후 대법원은 위 판례를 변경하여 "어떠

한 사정으로 인하여 부모 중 어느 한쪽만이 자녀를 양육하게 된 경우에, 그와 같은 일방에 의한 양육이 그 양육자의 일방적이고 이기적인 목적이나 동기에서 비롯된 것이라거나, 자녀의 이익을 위하여 도움이 되지 아니하거나, 그 양육비를 상대방에게 부담시키는 것이 오히려 형평에 어긋나게 되는 등 특별한 사정이 있는 경우를 제외하고는 양육하는 일방은 상대방에 대하여 현재 및 장래의 양육비 중 적정금액의 분담을 청구할 수 있음은 물론이고, 부모의 자녀양육의무는 특별한 사정이 없는 한 자녀의 출생과 동시에 발생하는 것이므로 과거의 양육비에 대하여도 상대방이 분담함이 상당하다고 인정되는 경우에는 그 비용의 상환을 청구할 수 있다"라고 변경하였습니다.

따라서 귀하가 이혼하면서 그 딸의 양육비용을 모두 부담하기로 약정한 바가 없다면 그 딸을 키우면서 소요된 과거의 양육비 및 장래의 양육비를 청구할 수 있습니다.

〔3〕 이혼 시 양육비 포기 각서를 작성하면 양육비를 청구할 수 없나요?

📖 저는 남편 甲과 이혼하면서 미성년 아들 乙을 제가 양육하려 하자 甲은 저에게 乙을 양육하는데 드는 양육비용을 청구하지 않겠다는 각서를 쓰라고 강요하여 어쩔 수 없이 甲에게 양육비를 청구하지 않겠다는 각서를 교부하였습니다. 그런데 막상 혼자서 乙을 키우

려고 하니 경제적으로 너무 힘든 상황인데, 제가 甲에게 써준 각서에도 불구하고 甲에게 양육비를 청구할 수 있나요?

📋 우리 민법은 이혼 시 자녀의 양육에 관한 사항을 협의에 의하여 정하도록 하면서 자녀의 양육에 관한 사항의 협의가 이루어지지 아니하거나 협의할 수 없는 때에 가정법원은 직권으로 또는 당사자의 청구에 따라 이에 관하여 결정하며, 이 경우 가정법원은 그 자(子)의 의사(意思)·연령과 부모의 재산상황, 그 밖의 사정을 참작하여 양육에 필요한 사항을 정하도록 하고 있습니다. 우선 귀하와 甲 사이에는 乙의 양육비를 귀하가 부담하기로 양육에 관한 협의가 이루어졌다고 할 수 있습니다. 그러나 협의 당시 그러한 협의가 제반 사정에 비추어 부당하다고 인정된다면 가정법원에 위 양육비부담부분의 변경을 청구할 수 있는데, 법원은 "일단 결정한 양육에 필요한 사항을 그 후 변경하는 것은 당초의 결정 후에 특별한 사정변경이 있는 경우뿐만 아니라, 당초의 결정이 제반 사정에 비추어 부당하게 되었다고 인정될 경우에도 가능한 것이며, 당사자가 협의하여 그 자의 양육에 관한 사항을 정한 후 가정법원에 그 사항의 변경을 청구한 경우에 있어서도 가정법원은 당사자가 협의하여 정한 사항이 제반 사정에 비추어 부당하다고 인정되는 경우에는 그 사항을 변경할 수 있다"고 하였습니다. 그러므로 귀하는 비록 양육비부담을 甲에게 청구하지 않기로 협의하였다 하더라도 당시 어떻게 해서든지 乙을 직접 양육해야 할 필요성 및

양육비부담에 관한 각서를 쓰게 된 이유 등을 기재하여 가정법원에 양육비부담부분의 변경을 구하는 청구를 해볼 수 있습니다.

[4] 양육권 없는 자가 양육한 경우에도 양육비를 청구할 수 있나요?

📖 甲은 남편 乙과 이혼을 하면서 미성년자인 丙을 이혼 후 2년간은 甲이 양육하고 양육비는 乙이 부담하고, 2년이 지나면 乙이 양육하기로 합의를 하였습니다. 그런데 甲은 이혼 후 2년이 지난 후에도 丙을 3년간 양육하였는데, 乙은 甲이 합의를 위반했다며 양육비를 한 푼도 주지 않고 있습니다. 이 경우 甲이 다시 丙의 양육자지정청구를 하고 2년이 지난 3년간의 양육비를 乙에게 지급해달라고 청구할 수 있나요?

📖 이혼한 후 미성년인 자녀의 양육비에 관한 판례는 "실제로 양육을 담당하는 이혼한 모에게 전혀 수입이 없어 자녀들의 양육비를 분담할 형편이 못 되는 것이 아닌 이상, 이혼한 부와 함께 모도 양육비의 일부를 부담하도록 하였다 하여도 경험칙과 논리칙에 어긋나는 것은 아니다"라고 하였으며, "청구인과 피청구인 사이에 자녀의 양육에 관하여 특정 시점까지는 피청구인이 양육비의 일부를 부담하면서 청구인이 양육하기로 하고 그 이후는 피청구인이 양육하도록 인도하기로 하는 의무를 부담하는 소송상의 화해가 있었다면, 이 화해조항상의

양육방법이 그 후 다른 협정이나 재판에 의하여 변경되지 않는 한 위특정시점 이후에는 청구인에게는 사건본인들을 양육할 권리가 없고 그럼에도 불구하고 이들을 피청구인에게 인도함이 없이 스스로 양육하였다면 이는 피청구인에 대한 관계에서는 위법한 양육이라고 할 것이니, 위 화해에 갈음하여 새로운 양육방법이 정하여시기 전에는 피청구인은 청구인에게 그 위법한 양육에 대한 양육비를 지급할 의무가 있다고 할 수 없다"라고 하였습니다(대법원 1992. 1. 21. 선고 91므689 판결). 따라서 귀하도 이혼 후 2년이 지난 시점부터 甲이 청구한 양육자지정청구에서 양육의 방법이 정해지기 이전까지의 3년간 양육비는 안타깝게도 청구할 수 없다 할 것입니다.

제 4 장

공직선거법

[1] 「공직선거법」상 '후보자가 되고자 하는 자 및 사조직'의 의미는 무엇인가요?

🈁 2014년 6월 4일은 제6회 전국동시지방선거일로 우리나라 전역에서 지방의회의원 및 지방자치단체장을 뽑습니다. 그런데 「공직선거법」은 누구든지 선거에서 후보자나 후보자가 되고자 하는 자의 선거운동을 위하여 그 명칭이나 표방하는 목적 여하를 불문하고 사조직 기타 단체를 설립하거나 설치할 수 없도록 금지하고 있습니다. 그렇다면 '후보자가 되고자 하는 자 및 사조직'의 의미는 무엇인가요?

🈁 「공직선거법」 제87조 제2항은 누구든지 선거에서 후보자(후보자가 되고자 하는 자를 포함)의 선거운동을 위하여 그 명칭이나 표방하는

목적 여하를 불문하고 사조직, 기타 단체(이하 「공직선거법」상 사조직'
이라 한다)를 설립하거나 설치할 수 없도록 금지하고 있습니다. 이때
후보자가 되고자 하는 자란 "선거에 출마할 예정인 사람으로서 정당
에 공천신청을 하거나 일반 선거권자로부터 후보자추천을 받기 위한
활동을 벌이는 등 입후보의사가 확정적으로 외부에 표출된 사람뿐만
아니라 그 신분·접촉대상·언행 등에 비추어 선거에 입후보할 의사를
가진 것을 객관적으로 인식할 수 있을 정도에 이른 사람도 포함"된다
는 것이 법원의 판례입니다(대법원 2013도2190 판결).

그리고 위 조항에서 설립 내지 설치를 금지하는 사조직은 선거에
서 후보자나 후보자가 되고자 하는 자를 위하여 그 명칭이나 표방하
는 목적 여하를 불문하고 법정 선거운동기구 이외에 설립하거나 설치
하는 일체의 사조직을 의미하므로, 비록 회칙이 없고 조직과 임원 및
재정 등에 관하여 구체적으로 정한 바가 없더라도 「공직선거법」상 사
조직에 해당합니다(대법원 2007도7902 판결).

그러나 인터넷 홈페이지 또는 그 게시판·대화방 등에 선거운동을
위한 내용의 글이나 동영상 등 정보를 게시하거나 전자우편을 전송하
는 방법을 통한 정보통신망을 이용한 선거운동은 선거운동기간뿐 아
니라 선거운동기간 전에도 허용되는데, 이는 정치적 공론의 과정에서
기존 매체를 통한 일방적인 정보 전달을 넘어 인터넷을 통한 정치과
정 참여의 기회와 범위가 넓어질수록 더 충실한 공론의 형성을 기대
할 수 있을 것이므로, 실질적 민주주의의 구현을 위하여 인터넷상 일

반유권자의 정치적 표현의 자유가 적극 장려되어야 하는 측면을 고려한 것입니다. 따라서 정보통신망을 통한 선거운동과 그 밖의 선거운동은 구분되어야 하는 것으로서 인터넷 공간에서의 선거활동을 목적으로 하여 인터넷 카페 등을 개설하고 인터넷 회원 등을 모집하여 일정한 모임의 틀을 갖추어 이를 운영하는 경우에는 「공직선거법」상 사조직에 해당한다고 보기는 어렵다는 것이 판례 입장입니다.

〔2〕 공무원이 선거운동의 기획에 참여하는 행위와 그 인정 요건은 어떻게 되나요?

문 6. 4 지방선거가 5개월도 채 남지 않으면서 공무원은 특정후보 당선을 위한 줄서기와 선거운동의 기획에 참여할 가능성은 선거일이 다가올수록 더 높고 공무원들이 줄서기를 뿌리치지 못하는 것은 어느 후보를 지지하느냐에 따라 승진 또는 자리보장이 주어지기 때문일 것입니다. 「공직선거법」 제85조는 공무원은 그 지위를 이용하여 선거운동을 할 수 없도록 규정하고, 공무원이 그 소속직원이나 공공기관 등의 임직원 또는 「공직자윤리법」에 따른 사기업체 등의 임·직원을 대상으로 한 선거운동은 그 지위를 이용하여 하는 선거운동으로 보는데 이때 공무원이 '선거운동의 기획에 참여하는 행위'와 '공무원이 선거운동의 기획에 '참여'하였다고 보기 위한 요건은 무엇일까요?

🅐 「공직선거법」 제86조 제1항 제2호의 '선거운동의 기획에 참여하는 행위'를 판례는 "당선되게 하거나 되지 못하게 하기 위한 선거운동에는 이르지 아니한 것으로서, 선거운동의 효율적 수행을 위한 일체의 계획 수립에 참여하는 행위"를 말하는 것으로 해석합니다. 즉, 반드시 구체적인 선거운동을 염두에 두고 선거운동을 할 목적으로 그에 대한 기획에 참여하는 행위만을 의미하는 것으로 볼 수는 없습니다. 공무원이 선거운동의 기획에 '참여'하였다고 하기 위해서는 그러한 선거운동방안 제시 등으로 후보자의 선거운동 계획 수립에 직접적·간접적으로 관여하였음이 증명되어야 하고, 단지 공무원이 개인적으로 후보자를 위한 선거운동에 관한 의견을 표명하였다는 사정만으로 선거운동의 효율적 수행을 위한 일체의 계획 수립에 참여하였다고 단정할 수는 없는 것입니다.

〔3〕「공직선거법」상 학력을 엄격히 규제하는 이유와 '학력(學力)'과 '학력(學歷)'의 차이점은 무엇인가요?

🅠 김포시는 시의원 나 선거구 재선거로 인해 삼복더위에도 선거 열기가 후끈합니다. 「공직선거법」에서 학력을 엄격히 규제하는 이유와 '학력(學力)'과 '학력(學歷)'의 차이가 다른데, 이는 어떻게 다른가요?

답 「공직선거법」은 '학력'의 게재를 엄격하게 규제하고 있는데, 이는 선거인이 후보자를 선택하는 데 중요한 판단자료로서 선거인이 후보자의 학력에 관하여 오해나 오인을 하여 투표에 관한 공정한 판단이 저해되는 것을 막고자 하는 데 있습니다. 특히 국내 정규학력 중퇴의 경우 수학기간을 기재하도록 한 것은 졸업 또는 수료한 경우에 비하여 교육의 양이 다를 수밖에 없고, 중퇴의 경우 수학기간도 개인마다 다를 수밖에 없으므로 수학기간을 기재하지 않고 단순히 중퇴 사실을 기재하는 것만으로는 수학기간의 차이에 따른 학력의 차이를 비교할 수 없기 때문입니다. 따라서 후보자가 국내 정규학력을 게재함에 있어서 중퇴한 학교명을 기재하는 경우에는 수학기간을 함께 기재하여야 하며, 이와 같은 기재방법을 따르지 아니하면 「공직선거법」에 의한 처벌 대상이 됩니다. 그러므로 고등학교졸업학력검정고시에 합격한 자는 고등학교를 졸업한 사람과 동등한 학력을 인정받을 수 있다는 것이지, 합격으로 인하여 고등학교를 중퇴한 사실 자체가 없어지거나 수학기간이 회복되는 것은 아니며, 「초·중등교육법」의 '학력(學力)'은 교육기관에서 학습이나 훈련을 통하여 얻은 지적능력을 의미하고, 「공직선거법」의 '학력(學歷)'은 학교를 다닌 경력을 의미하는 것으로서 서로 개념상 구별됩니다. 따라서 후보자가 선거벽보 등에 중퇴한 고등학교명을 기재한 경우에는 수학기간을 함께 기재하여야 하고, 졸업 또는 수료 당시의 학교명(중퇴한 경우에는 수학기간)을 함께 기재하여야 합니다.

[4] 선거후보자가 일부 범죄경력이 누락된 전과기록증명서를 선관위에 제출하고 선거공보에 표시하면 허위사실공표죄가 성립하나요?

문 여러 차례 공직선거에 출마한 경험이 있는 선거후보자가 관할 경찰서에서 발급받은 공직후보자 범죄경력 회보서에 자신의 전과 2개가 1개로 나오자 관할 선거관리위원회에 일부 범죄경력이 누락된 전과기록증명에 관한 제출서를 작성·제출하고 선거공보에 전과를 2개가 아니라 1개만 적는다면, 범죄경력에 관한 허위사실 공표에 해당하나요?

답 공직선거에 여러 차례 입후보 및 당선 경험이 있는 후보자가 관할 경찰서에서 발급받은 공직후보자 범죄경력 회보서에 자신의 전과 2개가 1개로 나오는 오류가 있어 일부 범죄경력이 나타나지 않자, 선거후보자인 자신이 당선될 목적으로 관할 선거관리위원회에 일부 범죄경력이 누락된 전과기록증명에 관한 제출서를 작성·제출하였다면, 이는 공직선거에 여러 차례 입후보 및 당선 경험이 있는 후보자로서는「공직선거법」에 대하여 상당한 지식을 축적하였을 것으로 보이는 점 등 제반 사정을 종합할 때 범죄경력에 관한 허위사실 공표의 고의, 적어도 미필적 고의를 인정할 수 있고, 후보자가 일부 범죄경력을 누락한 제출서를 작성하여 선거공보에 전과를 2개가 아니라 1개만 적는다면 허위사실 공표죄에 해당합니다.

[5] 투표소의 기표소 안에서 기표하지 않은 투표용지를 촬영하면 「공 직선거법」 위반죄가 성립하나요?

🔒 투표소의 기표소 안에서 투표관리관으로부터 교부받은 투표용지를 기표하지 않은 상태에서 자신의 휴대전화로 촬영하면 「공직선거법」 위반에 해당하나요?

🔓 「공직선거법」은 기표소 안에서 '투표지를 촬영'한 행위를 처벌하고 있을 뿐 '투표용지를 촬영'한 행위에 대해서는 따로 규정하고 있지 않는데, 甲은 제19대 대통령선거 투표소의 기표소 안에서 투표관리관으로부터 교부받은 투표용지를 기표하지 않은 상태에서 자신의 휴대전화로 촬영하여 「공직선거법」 위반으로 기소되었습니다. 그리고 「공직선거법」은 '투표용지·투표지'를 병렬적으로 규정하는 등 다수의 조항이 투표용지와 투표지를 명확히 구분하고 있으며, 「사전투표 및 그 개표에 관한 공직선거법」 및 「공직선거관리규칙」, 「선상투표에 관한 공직선거법」에서 '투표지'를 선거인이 '기표'를 마친 '투표용지'를 지칭하는 용어로 사용하고 있습니다. 위와 같은 「공직선거법」의 제반 규정에 '투표용지에 써넣거나 표시를 하는 행위'를 의미하는 '기표'의 사전적 의미에 비추어 보면, 「공직선거법」에서 규정하는 '투표지'는 '공직선거법령에 따라 제작된 투표용지에 선거인이 「공직선거법」에서 정한 절차에 따라 기표절차를 마친 것'을 의미합니다. 이에 대하여 법원은 甲이 촬영한 것은 '투표용지'로서 '투표지'를 촬영하였다고 보기

어렵다는 이유로 무죄를 선고하였습니다. 따라서 투표소의 기표소 안에서 기표하지 않은 투표용지만 촬영했다면 「공직선거법」 위반은 아닙니다.

[6] 낙선운동도 유권자로서 정당행위인가요?

🔲 2020년 4월 15일 제21대 국회의원선거가 실시되는데 그동안 의정활동이 불성실한 후보자에 대하여 유권자로서 낙선운동을 벌이고자 하는데, 낙선운동이 유권자로서 정당행위로 허용되지는 않나요?

🔳 우리 헌법은 "국민의 모든 자유와 권리는 국가안전보장·질서유지 또는 공공복리를 위하여 필요한 경우에 한하여 법률로써 제한할 수 있으며, 제한하는 경우에도 자유와 권리의 본질적인 내용을 침해할 수 없다"라고 규정하고 있습니다. 한편 선거운동에 대하여 선거의 공정성 보장을 이유로 공익을 위하여 필요한 경우에는 법률로써 제한할 수 있습니다. 그리고 「공직선거법」은 "누구든지 자유롭게 선거운동을 할 수 있다. 그러나 이 법 또는 다른 법률의 규정에 의하여 금지 또는 제한되는 경우에는 그러하지 아니하다"고 규정하고 있습니다. 또한 선거운동의 주체, 기간, 방법 등에 대하여 일정한 제한을 두고 있습니다. 그런데 낙선운동도 선거운동에 해당하여 「공직선거법」이 적

용되는지 문제인데 대법원 판례는 "선거운동이라 함은 특정 후보자의 당선 내지 득표나 낙선을 위하여 필요하고도 유리한 모든 행위로서 당선 또는 낙선을 도모한다는 목적의사가 객관적으로 인정될 수 있는 능동적·계획적인 행위를 말하는 것으로서, 피고인들과 같은 후보자 편 이외의 제3자가 당선의 목적 없이 오로지 특정 후보자의 낙선만을 목적으로 하여 벌이는 낙선운동은 특정인의 당선을 목적으로 함이 없이 부적격 후보자의 낙선만을 목적으로 하고 있다는 점에서 특정인의 당선을 목적으로 경쟁후보가 당선되지 못하게 하는 선거운동과 의미상으로는 일응 구별되기는 하지만, 그 주관적인 목적과는 관계없이 실제의 행동방식과 효과에 있어서는 다른 후보자의 당선을 위하여 하는 선거운동과 다를 것이 없다"라고 판시하여 낙선운동도 「공직선거법」상 선거운동에 해당함을 명백히 하고 있습니다. 따라서 확성장치 사용, 연설회 개최, 불법행렬, 서명날인운동, 선거운동기간 전 집회 개최 등의 방법으로 특정 후보자에 대한 낙선운동을 함은 「공직선거법」에 의한 선거운동제한 규정을 위반한 행위에 해당하므로 낙선운동은 유권자로서 정당행위가 아닙니다.

제 5 장

기타

[1] 강요하여 받아낸 자술서는 효력이 없나요?

🈁 甲은 아내 乙의 휴대전화 문자메시지 내용을 보고 아내가 바람을 피웠다는 것을 알고 아내에게 자술서를 쓰라고 강요하여 아내가 어쩔 수 없이 자술서를 썼다면 그 자술서는 효력이 있나요?

🈶 甲은 乙의 휴대전화 문자메시지 내용을 보고 丙이라는 남자와 불륜행위를 갖고 있다는 것을 의심하고 있던 중 乙의 휴대전화 문자메시지 내용을 보고 丙과의 불륜행위를 알게 되었고 甲은 丙을 상대로 부정행위로 혼인관계가 파탄되었음을 이유로 위자료를 청구하는 소송을 제기하자, 丙은 甲이 乙의 동의 없이 몰래 문자메시지 내용을 확인하고 乙에게 강요하여 자술서를 받아낸 것이므로 위법한 증거라

고 주장한 사안에서, 법원은 개인적 법익 보호에 대한 사익적 요청보다는 실체적 진실발견이라는 공익적 요청이 우선되어야 한다며 丙의 주장을 받아들이지 않은 사례가 있습니다. 즉, 강요하여 받아낸 자술서는 자유심증주의를 채택하고 있는 우리 민사소송법 하에서 증거로 채택할 것인지 아닌지 여부는 법원의 재량에 속하는 것이고, 은밀하게 이루어지는 부정행위는 입증이 곤란하고 실체적 진실발견이라는 공익적 요청과 위법성의 정도 및 침해되는 개인적 법익의 중요성 등을 비교 형량하였을 때 개인적 법익 보호에 대한 사익적 요청보다는 실체적 진실발견이라는 공익적 요청이 우선되어야 한다고 보아, 丙의 주장을 받아들이지 않고 자술서의 효력을 인정하고 있습니다.

〔 2 〕 유료주차장에 주차한 차량을 도난당하면 주차관리업체의 책임인가요?

📋 저는 甲이 운영하는 유료주차장에 야간에 주차를 하면서 주차관리요원에게 열쇠를 맡긴 후 술을 많이 마셔 택시를 타고 귀가했다가 다음날 주차장에 갔더니 제 차량이 없어 그 이유를 알아보니, 야간에 도둑이 들었고 도둑이 열쇠 보관함을 뜯고 제 차량을 훔쳐갔다는 것입니다. 이러한 경우 저는 甲에게 손해배상청구를 할 수 있나요?

📋 우리 민법은 수임인은 위임의 뜻에 따라 선량한 관리자의 주의

로써 위임사무를 처리하여야 한다고 규정하고 있는데, 귀하의 사안에서도 수임인 甲이 선량한 관리자로서의 주의의무를 다하였다고 볼 것인지가 문제됩니다. 유사한 판례를 보면, 주차장 이용시간이 제한된 주차계약을 체결하면서 주차관리상의 편의를 위하여 예비열쇠를 보관시켰는데, 이용시간이 아닌 야간에 자물쇠를 절단하고 사무실에 침입한 도둑이 책상서랍에 넣어 둔 열쇠로 열쇠보관함을 열고 예비열쇠를 훔쳐 승용차를 타고 간 경우, 주차계약에 부수하여 예비열쇠에 관한 보관계약이 체결되었다고 볼 수 있으나, 주차장관리인이 예비열쇠 보관에 대한 선관주의의무를 게을리하였다고 볼 수 없다고 한 사례가 있습니다(대법원 2000. 5. 12. 선고 2000다591 판결).

따라서 위 사안에서도 甲이 귀하의 차량도난에 대하여 손해배상책임을 부담한다고 하기는 어려울 것으로 보입니다. 참고로「주차장법」에 의하여 설치된 노외주차장의 관리자가 주차장이용시간에 관하여 1일에 있어 이용이 개시되는 시간과 종료하는 시간 및 휴업일에 관한 사항을 정한 경우에는 그와 같은 주차장이용시간 중에 발생한 주차자동차의 멸실·훼손에 한하여「주차장법」에 따라 손해배상책임을 부담한다는 판례가 있습니다(대법원 1999. 4. 9. 선고 98다55307 판결).

[3] 학교는 학생이 다른 학생과 싸웠다는 이유로 전학처분을 할 수 있나요?

📋 제 자식은 학교에서 甲이라는 학생과 말다툼 끝에 주먹으로 甲의 얼굴을 구타하여 甲의 코뼈가 부러지는 등 전치 3주의 상해를 입히자, 학교장은 제 아들을 다른 학교로 전학하도록 전학처분을 내렸는데 전학처분이 정당한 것인가요?

📋 학교의 장은 교육목적과 내부질서 유지를 위하여 학생에게 징계조치를 할 수 있습니다. 그런데 전학조치가 학교장의 재량권의 범위를 벗어나거나 남용하는 전학처분은 무효라 할 것입니다. 부산에서 발생한 사례를 소개하면, 甲 고등학교 교장은 재학생인 乙과 丙이 싸우다가 乙이 丙에게 3주간의 치료가 필요한 코뼈 골절 등의 상해를 입히자 乙에 대하여 전학조치를 하였습니다. 그러나 법원은 "교육전문가인 학교의 장이 교육목적과 내부질서 유지를 위하여 징계조치한 것은 최대한 존중되어야 하지만 징계사유와 징계조치 사이에 사회통념상 허용되는 적절한 균형이 요구되므로 징계조치도 그 한도에서 재량권의 한계가 있는 점, 甲 고등학교는 피해학생과 가해학생 모두를 지도·교육하는 지위에 있으므로 피해학생을 보호하여 더 이상의 피해를 보지 않도록 할 의무가 있을 뿐 아니라 가해학생을 선도·교육하여 건전한 사회구성원으로 육성할 의무가 있어, 심각한 피해를 일으킨 가해학생에 대해서도 인격적으로 성숙해가는 과정에 있는 학생임을

감안하여 최대한 교육적인 방법으로 선도할 책무가 있는 점 등에 비추어 보면, 乙에 대한 중징계의 필요성을 고려하더라도 乙에게 개전의 기회를 주지 않고 징계의 종류 중 퇴학 다음으로 무거운 전학조치를 내려 해당 학교에서 교육받을 기회를 박탈한 전학조치는 지나치게 가혹하여 재량권의 범위를 일탈하거나 남용한 것이므로 무효"라는 판결(부산지법 2015가합6947 판결)이 있었습니다.

【 4 】 개인회생절차개시 결정 이후에도 면책이 가능한가요?

🔵 저는 개인 채무 때문에 법원에 개인회생신청을 하여 법원으로부터 개인회생절차개시결정 및 변제계획인가결정까지 받아 그 변제계획에 따라 변제를 하던 중, 사정에 의하여 1년간 변제를 지체하였습니다. 결국 법원으로부터 개인회생절차 폐지결정을 받았습니다. 저는 「채무자 회생 및 파산에 관한 법률」에 따라 면책신청을 하고 싶은데 저와 같은 경우에도 면책신청이 받아들여질 수 있나요?

🔵 채무자가 변제계획에 따른 변제를 완료하게 되면 개인회생채권에 대하여 면책을 받게 됩니다. 변제계획에 따른 변제를 완료하지 못하면 면책신청은 받아들여질 수 없지만, 일정한 요건이 갖추어지면 면책을 받을 수도 있습니다. 즉, 첫째 채무자가 책임질 수 없는 사유로 인하여 변제를 완료하지 못한 경우, 둘째 개인회생채권자가 면책

결정일까지 변제받은 금액이 채무자가 파산절차를 신청하여 파산절차에서 배당받을 금액보다 적지 아니한 경우입니다. 위 모든 조건을 갖춘 경우에는 변제계획을 완전히 수행하지 못했을 경우에도 법원은 면책의 결정을 할 수 있습니다. 이때 채무자가 책임질 수 없는 사유란, 실직이나 급여의 감소 또는 본인이나 가족들의 질병 또는 부상 등으로 인한 의료비의 과다한 지출 등을 그 예로 들 수 있습니다. 법원은 이러한 요건들이 모두 충족되었다 할지라도 변제계획이 이행된 정도나 기타 제반 사정을 종합적으로 고려하여 면책을 하는 것이 합당하다고 판단될 경우에는 면책결정을 할 수 있으며, 채무자가 개인회생절차에서 변제계획인가 후 인가된 변제계획을 이행할 수 없음이 명백한 때 등의 사유가 있는 경우에는 개인회생절차를 폐지하도록 법률로 규정하고 있습니다. 그러므로 귀하는 개인회생절차 폐지결정이 있었다고 하더라도 귀하가 책임질 수 없는 사유에 해당한다면 면책신청을 해보시기 바랍니다.

[5] 마을금고 이사장 후보가 당선되면 월급 절반을 대의원들에게 쓰겠다고 발표하면 당선무효 사유인가요?

🔒 甲 새마을금고의 이사장은 회원들의 직접선거가 아닌 대의원들의 투표를 통한 간접선거 방식에 의하여 선출되는데, 이사장 선거에 입후보한 乙이 투표 직전 대의원들에게 소견을 발표하면서 '당선

된다면 이사장 연봉의 50%를 대의원들에게 쓰겠다'고 하였고, 선거에서 이사장으로 당선되었는데, 이는 당선무효 사유인가요?

🅐 선거운동 과정에서 당선 목적으로 금품 등을 제공하거나 제공의 의사표시를 하는 행위를 금지하고 있는데, 위 발언은 甲 새마을금고에 출자금을 납입한 회원들의 복지를 위하여 보수의 50%를 사용하겠다는 것이 아니라 이사장 선거에 투표권을 가진 대의원들에게 이를 사용하겠다는 것으로 금품, 향응, 그 밖의 재산상 이익제공의 의사표시에 해당합니다. 더군다나 乙이 투표 직전 실시된 소견발표에서 위 발언을 했다면, 상대후보자는 이에 반박하거나 대응할 시간적 여유가 없고, 투표에 참가한 대의원들이 乙의 소견발표를 청취하여 대의원들의 투표에 상당한 영향을 미칠 수 있습니다. 그러므로 위 발언은 위법한 선거운동으로서 그 정도가 중하여 선거의 자유와 공정을 현저히 침해하였고, 그로 인하여 선거 결과에 영향을 미쳤다고 볼 수 있으므로 당선무효 사유에 해당합니다.

〔 6 〕 보이스피싱에 이용된 통장 명의자의 책임은 어떻게 되나요?

🅠 저는 호프집에서 아르바이트를 하던 중 알게 된 손님 甲으로부터 딱한 사정을 듣게 되었습니다. 甲은 저에게 자신이 잘 아는 사람이 큰 공장을 운영하고 있는데 저를 그 공장에 취업시켜주겠다며 저

의 예금통장 계좌번호, 현금카드, 그리고 비밀번호를 요청하여 저는 취업을 할 수 있다는 생각에 甲에게 통장 및 카드를 넘겨주었습니다. 그런데 나중에 알고 보니 제 통장은 보이스피싱 범죄에 사용되었고 피해자로부터 보이스피싱 사기범과 함께 통장 명의자인 저도 불법행위로 인한 손해배상청구소송을 당했습니다. 이러한 경우 제가 법적인 책임을 져야 하나요?

답 보이스피싱 범죄자들은 은행 입출금이 가능한 통장을 확보하기 위해 노숙자에게 돈을 주고 통장 명의를 빌리기도 하고 자금 대출, 투자 등을 명목으로 통장 명의를 확보한 후 범죄 목적으로 사용합니다. 「전자금융거래법」에 의하면 현금카드 등의 전자식 카드나 비밀번호 등과 같은 전자금융거래에서 사용되는 접근매체를 양도하는 행위를 원칙적으로 금지하고, 위반하면 3년 이하의 징역 또는 2,000만 원 이하의 벌금으로 처벌하고 있습니다. 귀하는 귀하의 통장 및 현금카드가 어떤 목적으로 사용될지 모른다고 하더라도 모르는 사람에게 통장과 현금카드를 건네주고 비밀번호까지 알려준 행위는 속칭 대포 통장으로 이용될 수 있기 때문에 형사처벌을 받을 수도 있습니다. 귀하가 甲에게 통장, 카드, 비밀번호 등을 제공하지 않았다고 하면, 보이스피싱 범죄가 성공하지 못했을 수 있습니다. 그러나 귀하는 통장 등의 양도 당시의 정황, 당시 취업을 목적으로 하였고, 통장 등의 양도 등에 대해서 별도의 이익 제공이 없었고, 취업 목적 이외에 다른 용도로 써도 된다고 허락한 사실이 없었다면, 통장 제공 행위와 보이스피싱 범죄에 따른 피해 발생 간의 상당인과관계는 인정되지 않고 손해배상책임은 부담하지 않습니다. 즉, 귀하가 보이스피싱 범죄 행위에 대해서 전혀 관여한 바가 없고, 오히려 甲에게 속아서 통장을 넘겨주었다면 보이스피싱 피해자에 대하여 손해배상 책임은 없다하겠습니다. 하지만 귀하가 甲이 보이스피싱 조직과 관련되는 일을 하고 있다고 충분히 의심할 수 있었거나, 통장제공에 대한 별도의 대가를 제공받았거나, 취업 목적뿐만 아니라 甲의 개인적인 목적으로도 사용하도록 허락하였다면, 상당인과관계를 인정하여 귀하에게 손해배상책임을 물을 수도 있습니다.

[7] 공무원에게 업무 수행 중 민원이 발생함을 이유로 징계할 수 있나요?

📖 공무원이 임대형 민자사업 시행자의 운영관리 업무를 담당하면서 사업시행자에게 증빙자료 재무회계보고서 등을 제출 보고토록 하는 내용을 추가 삽입하고 사업시행자에게 운영관리사무소장을 불러놓고 근무일지 등에 대한 보고를 받았으며, 일일 근무일지를 자신에게 결재받고 매일 자신의 지시사항을 일일이 직접 기재한 후 이행토록 강제하는 행위를 하여 결국 민원이 발생한 경우, 공무원에게 성실의무를 위반하고 상급자에게 불손하였다는 이유로 징계(해임)처분

을 할 수 있나요?

📋 공무원인 피징계자에게 징계사유가 있어 징계처분을 하는 경우 어떠한 처분을 할 것인지는 징계권자의 재량에 맡겨진 것이고, 다만 징계권자가 재량권의 행사로서 한 징계처분이 사회통념상 현저하게 타당성을 잃어 징계권자에게 맡겨진 재량권을 남용한 것이라고 인정되는 경우에 한하여 그 처분을 위법한 것이라고 할 것입니다. 그리고 공무원에 대한 징계처분이 사회통념상 현저하게 타당성을 잃었다고 하려면 구체적인 사례에 따라 징계의 원인이 된 비위사실의 내용과 성질, 징계에 의하여 달성하려고 하는 행정 목적, 징계양정의 기준 등 여러 요소를 종합하여 판단할 때 그 징계내용이 객관적으로 명백히 부당하다고 인정할 수 있는 경우라야 합니다. 또한 법령에 대한 해석이 복잡·미묘한 전문영역에 있어 공무원이 나름의 해석에 따라 업무를 수행하였다면 법령을 위반하였다고 단정할 수도 없지만, 공무원이 성실하게 업무를 수행하는 과정에서 민원이 발생하였다는 사정은 징계사유가 될 수 없으며 오히려 민원이 발생할 것을 우려하여 복지부동하는 것이 「지방공무원법」상 징계사유가 될 뿐입니다. 공무원에게는 소속 상사에 대한 복종의 의무가 있으나, 소속 상사의 지시를 맹목적으로 따라야 할 의무는 없습니다. 지방공무원은 소속 상사의 직무상 명령에 대하여 의견을 진술할 수 있도록 규정하고 있어 상사의 위법한 명령에 따르는 경우 그 책임이 면제되지도 않고 상사의 지시

를 무조건 따르기를 거부하거나 단지 상급자에게 불손하였다는 이유만으로 징계를 한다면 공무원들이 상사의 눈치만을 보게 되어 위법한 지시에도 따르게 되는 등 올바르고 일관된 행정이 이루어질 수 없게 될 위험성이 있으므로 복종의무 위반으로 공무원을 징계할 때는 신중하여야 합니다. 결론적으로 공무원에게 업무 수행 중 민원이 발생함을 이유로 징계할 수는 없습니다.